MAX KIRSCHNER

Aufseze und Briffe vom Wiggerl

W. LUDWIG VERLAG

ISBN 3-7787-3173-4
6. Auflage 1982

Gesamtherstellung: Ilmgaudruckerei Pfaffenhofen
Printed in Germany

Inhalt

Briffwexel

Vorwort

In langjähriger Tätigkeit als Lehrer verschiedener Dorfschulen habe ich Tausende von Schüleraufsätzen korrigiert, und ein gutes Hundert origineller Sätze und Sinnverdrehungen gesammelt. Sie waren der Anlaß zu dem vorliegenden Buch. Die Notizen konnten bei den „Wiggerl-Aufsätzen" weitgehend verwendet werden.

Der kleine Band soll nichts sein, als eine auflockernde, heitere Lektüre, die man sicher nicht nur einmal zur Hand nimmt.

M. Kirschner

Der Hund

Die Hunde haben eine wässrige Nase und einen Bandwurm. Wann sich ein Mensch abschlecken laßt, nachher erhält er den Bandwurm. Und bal er sehr gut aufgelegt ist, dann wackelt sein Schweif hin und her. Aber wann er eine Katze sieht, so rumpelt sie sehr schnell auf den Baum hinauf.

Wenn er Junge hat, dann zeigt er immer seine Zähne her. Aber er frißt sie doch nicht, weil sie noch viel zu klein sind. Er verspeist lieber Beiner und eine Wurschthaut. Wenn er ein Gras frißt, dann sagt der Radio ein sehr schlechtes Wetter voraus. Das kostet im Monat 2 Mark.

Die feinen Hunde dürfen auf die Jagd gehen. Aber die Landwirtshunde müssen auf den Hof aufpassen, ob kein Räuber nicht kommt. Manchmal bringt unser Buzi einen Hasen heim, den wo der Jäger nicht mag, aber wir schon.

Wenns ihm grad paßt, so zwickt er den Postbot in die Hose hinein. Aber wir sind schon in der Versicherung drin, weil wir nicht so dumm sind, daß wir die Hose zahlen. – Einmal hat er auch schon den Bürgermeister und noch andere Hunde gebissen. – Wer seinen Hund auf dem Feld umeinander laufen laßt, der wird erschossen, der Hund.

Die Katze

Beim Tag sind die Katzenaugen braun und die Borsten weiß. Aber bei der Nacht haben sie grüne Augen und schwarze Federn. Wenn sie sehr alt werden, nacher gedeiht ein Schnurrbart. Sie können sehr leise marschieren, indem daß auf ihren Klauen Gummiabsätze hingepickt sind. Daher können sie auch sehr schnell auf den Baum hinauf schleichen.

Wenn ihnen das Fell heruntergezogen wird, so verschwindet der Reumatis, weil er nämlich in den Katzenpelz hinein hupft. – Manchmal sind sie sehr brav. Dann haben sie ihre Fingernägel im Futteral drin. Aber wenn sie grantig sind, nacher nicht.

Die Katzen lauern auf Mäuse, Vogelnester und Leberkas. Manche Katzen derwischen auch eine Milch. Am liebsten liegen sie auf der Wäsche droben, wo frisch gebügelt ist. Es gibt auch mondsüchtige Katzen, indem daß sie auf dem Dach hin und her schleichen. Unser Kater kann bei der Nacht sehr schön singen. Er singt immer so lang, bis daß ihm der Vater das blecherne Botschamperl hinauf keit. Dann hört er manchmal auf.

Wann er auf dem Ofen droben schlaft, dann surrt im Bauch drin der Motor. Aber wenn man in seinen Schweif einen Knopf hinein macht, dann zieht er den Schnurrbart hinauf und wetzt die Zähne.

Die Kuh

Die Kuh hat 6 Seiten: vorne und hinten, oben und unten, hot und wist. Sie ist meistens in Rindsleder eingewickelt. Vorne ist das Maul angewachsen, wo sie zum Brüllen braucht. Das ganze Maul ist voll Zähne. Wenn sie fest brüllt, dann wackelt der Bauch.

Sie frißt Gras, Butterblumen und Kartoffelschalen. Daher legt sie auch Milch und Butter, und ernährt die Menschen mit Schlagrahm, Schweizerkäse, Milchschokolade und Leder.

Hinten wedelt ein Schwanz mit einem schmutzigen Besen. Damit werden die Fliegen vertrieben, indem daß sie sonst in die Milch hinein fallen. Unten hängt die Milch dran, wo man fest anziehen muß. Dann kommt manchmal eine Milch heraus. Aber mich hat sie schon einmal über den Haufen geschlagen. Wenn es donnert, wird die Milch sauer.

Sie braucht nur sehr wenig Futter. Was sie einmal gefressen hat, das frißt sie noch ein paarmal, bis daß sie ganz satt ist. Zuerst schluckt sie alles hinunter. Dann koppt sie einfach, und schon hat sie wieder das Maul voll.

Der Ochs

Der Ochs ist der Mann von der Kuh. Manchmal ist er auch ein Schimpfname. Aber dieses muß man beichten.

Seine Hörner stammen noch aus der Eiszeit, wo die Auerochsen auf dem Lande herrschten. Damals kämpften sie fürchterlich mit den Hörnern, wenn eine Kuh zuschaute. Bloß heute sind sie nicht mehr so dumm. – Der Ochs schiebt sehr fest mit dem Gehirn an. Daher gehört er zu den Kopfarbeitern.

Er hat eine sehr lange Zunge, wo bis zu den Nasenlöchern hinaufgeht, indem daß er sich damit schneuzen kann. Er frißt alles zweimal, daher ist er so dick und fett. – Der Ochs ist nicht so praktisch, als wie die Kuh, indem daß er keine Milch nicht abliefert. Dafür zieht er besser an, weil er ein Ochs ist.

Neulich hat der Herr Lehrer gesagt: Viele Ochsen heißt man eine Herde. Aber ich habe nicht gescheit aufgepaßt und habe gesagt: Viele Ochsen heißt man eine Behörde. Dann hat er gesagt: Setzen! – Note 6! Aber mein Vater hat gesagt, daß ich deswegen noch leicht einmal ein Gemeinderat werden kann.

Das Pferd

Das Pferd hat 2 Ohren und auf dem Hals einen sehr schwarzen Polster. Daher braucht es 4 Hufeisen. Diese sind gleich aus Eisen gemacht, daß im Winter die Zehen nicht so kalt werden.

Es gibt mehrere Pferdesorten: Den Gaul, die Rösser, den Bräundl, den Fuchs und den Heiter, und manchmal auch einen Schimmel. Die Pferde speisen folgende Nahrungsmittel: erstens ein Heu, zweitens einen Habern. Dem Wirt sein Bräundl kriegt ein Bier, wenn er seinen Namenstag hat. Die Schimmel mögen die Äpfel sehr gern. Drum heißen sie auch Apfelschimmel. Sie legen manchmal einen Pferdeapfel, daß die Spatzen besser raufen können.

Die Schimmel haben hinten so lange Haare, weil man sonst auf der Geige nicht hin und her streichen könnte, wo man zum Singen braucht. – Wenn die Fliegen auf dem Pferd spazieren gehen, nacher wackelt die Haut, als wie ein Erdbeben.

Das schönste Pferdelied wird auf Weihnachten gesungen, wo nämlich heißt: Es ist ein Roß entsprungen. – Aber der alte Schimmel hü a ho ist genau so schön. – Der ist in unserem Gramafon drin.

Das Schwein

Das Schwein ist ziemlich rund und nackert. Es steckt in einem Schweinepelz drin, wo ganz durchsichtige Stacheln hat. Drum kann man durch und durch schauen. Dieses muß so sein, weil man sonst die Läuse nicht findet.

Das Schwein hat einen sehr langen Hunger. Am liebsten frißt es alles, was wir nicht mögen. Nämlich Apfelschalen, Birnstingel, Radischwänze, Kirschkerne, Brotbrösel, Maikäfer und auch einen Ratzen.

Manchmal wird unsere Sau spazieren geführt. Aber da darf ich nicht mitgehen. – Das Schwein legt ganz junge Suckerl. Sie ringeln den Schwanz ein, daß sie nicht so oft drauf treten. – Wann sie Hunger haben, so pfeifen sie so lange, bis daß sie die Dipferl finden, wo ganz unten hingepappt sind. – Das Schwein hat seinen Namen mit Recht, denn es ist auch eines.

Manche Schweine mögen nicht gerne abgestochen werden. Drum kugelns im Dreck umeinander, daß uns recht grausen soll. Aber uns graust gar nicht. Das wertvollste vom Schwein ist die Saublase, wo im Fasching sehr fest kracht. – Und auch das Geselchte ist noch sehr fein.

Das Schaf

Die Schafe sind ganz mit Baumwolle angepflanzt. Sonst könnte man bis auf die Haut hinunter sehen. Manchmal sind die Haare sehr schmutzig. Dann werden sie in den Bach hinein gekeit. Aber das mögen die Viecher nicht gerne, weil dann meistens die ganzen Dauerwellen kaputt gehen. – Der Apotheker macht eine Watte daraus und der Nikolaus einen Bart. Und die Großmutter draht sie um das Spinnradel hinum.

Die Schafe laufen immer miteinander umeinander. Kaum hat sich eines verloffen, so plärrt es fürchterlich nach dem Führer, wo der Schafhammel ist. – Die Schafe sind sanftmütig, wie die Tauben. Deshalb stehen sie schon in der Bibel drin. Bloß die Schafböcke sind sehr giftig. Drum tut sie der liebe Gott auf die linke Seite, wann er das jüngste Gericht macht. Nach ihrem Tode freuen sich die Schafe durch die lustige Musik ihrer Gedärme.

Am schönsten sind die kleinen Lämmer, wo sich auch Betzerl heißen. – Diese braucht der Osterhas, daß er ihnen ein Fähnlein hinein stecken kann. Nachher kosten sie 50 Pfennig.

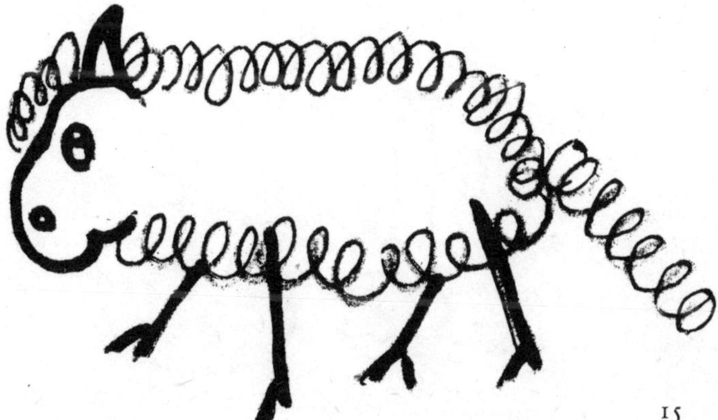

Der Hase

Der Hase hat sehr lange Ohren und auch Füsse. Dafür sind die Vorderfüsse umso kürzer. Deshalb kann er sehr gut hübfen. Und wenn ihm ein böser Feind nachrumpelt, so hubft er schleunigst über alle Felder hinüber.' Aber unser Buzi hat schon dreimal einen derwischt.

Auf Ostern legt er rote und blaue Eier, aber bloß für die ganz kleinen Kinder. Ich weiß schon was, aber ich sag es nicht. – Einmal hat die Frau Obersegridär Hierangl einen Hasen gerubft. Nachher ist sie im Fasching ausgespielt worden.

Am allerschönsten ist die Treibjagd. Da machen sie immer einen lustigen Burzelbaum, wann es kracht. Der Hase ist nicht nur sehr furchtsam, sondern auch schmackhaft. – Manchmal lauft er mit dem Igel um den erschten Preis. Und wann er den Schnaps nicht gewinnt, so legt er sich einfach auf den Acker hin und stirbt vor lauter Gift und Zorn.

Die Affen

Ich bin einmal in den Tiergarten hinein getreten. Dieses war sehr schön, weil die Affen solcherne Affen sind. Sie waren fürchterlich lustig und haben lauter Flöhe gefangt. Und einer hat einen ganzen Haufen Erdnuß so lange verschluckt, bis daß er direkt Bauchweh erhalten hat.

Und 2 haben Fangermandl gespielt, indem daß keiner den anderen nicht derwischt hat. Einer hat ihm eine Banane auf die Nase hinauf gebelzt, daß er gleich aschlings vom Baum herunter gerumpelt ist, wo er ihm seinen großen Zeher fürchterlich verbogen hat, daß er immer dran gesuzelt hat. Und einer hat ihm beim Stuzen gebackt, bis daß er einen Burzelbaum in der Luft getan hat.

Mein Vater hat immer gesagt, daß wir gehen sollen. Aber ich hab vor lauter Lachen nicht mehr gehen können, weil ich schon lange nicht mehr so viel Affen auf einem Haufen gesehen hab. – Und einer hat ein Haferl aufgesetzt, daß er dreingeschaugt hat, als wie ein Herr Baron. Dieses war mein schönstes Erlebnis, weil die Affen so schön sind. Nachher haben wir noch einen Geißbock mit 3 Herndel gesehen. Einmal hab ich zum Vater gesagt, daß unser Lehrer meint, daß die Menschen von den Affen abstammen. Dann ist er ser giftig geworden und hat gesagt: Du schon, aber ich nicht!

Der Frosch

Die Frösche schwimmen meistens im Wasser. Drum gedeiht zwischen den Zehen drin oft eine Haut. Wann sie untertauchen, so schauen sie mit den Nasenlöchern in den Himmel hinein. Und bal am Abend das Gebet gelitten wird, nacher singen sie so schön, daß ihnen gleich der Kropf wachst.

Sie haben ein kaltes Blut, weils nicht mit Federn oder Borschten angezogen sind, als wie die Igeln. Wenn sie grün sind, dann sitzens meistens im Gras drin. Und wenn sie braun sind, dann gehören sie zum Prellen. Manchmal fliegen sie gleich über den ganzen Stadel hinum. Die jungen Frösche sind keine Frösche nicht, sondern wie lauter Schusser, die wo durch die Flüssigkeit schwanzeln können.

Manchmal gibt es auch einen Froschkönig, der wo gerne mit der Königstochter spielt. Sie spielen ein sehr schönes Spiel. Indem daß nämlich die Königstocher den goldenen Ball immer wieder in den Brunnen keit. Und der Froschkönig darf ihn dann immer wieder herauf holen.

Der Regenwurm

Der Wurm hat einen sehr dünen Bauch und einen langen Schweif. Der Kopf ist so dünn hingewachsen, daß der Bauch gleich noch länger wird. Er ist zimlich gesund, weil nämlich die Henner darauf sehr fett werden. Wenn er in die Erde hinein rutscht, nachher macht er die Augen zu, daß ihm die Sandkörndel nicht hinein fliegen.

Weil er keine Füße nicht hat, drum kann er trotzdem spazieren gehen. Am liebsten geht er bei der Nacht im Garten spazieren, wann es fest regnet. Und bal er recht naß wird, nachher lacht er blos. Daher heißt er auch Regenwurm. Er frißt Salatstauern und Schwammerl. Und wann er einen Durscht hat, so wartet er einfach, bis daß es in ein Mausloch hinein regnet.

Sein ärgster Feind ist der Maulwurf. Wann der Wurm einen Feind daher schleichen sieht, nacher duckt er sich plezlich, bis das der Feind wieder vorbei gesaust ist. Darum verhungern so viele Maulwürfe. Am liebsten ist ihm das Hochwasser, indem daß nacher alle Maulwürfe dersaufen.

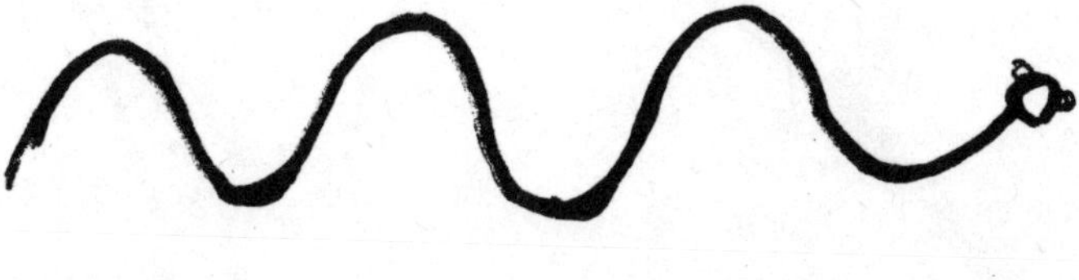

Die Fliegen

Es gibt alte und junge Fliegen. Die alten surren wie ein Schnauferl, und die jungen wie ein Spinnradl. Aber die ganz jungen surren überhaupt nicht. Sie wachsen im Misthaufen drin und sind sehr dumm. Weil sie nämlich in ein jedes Fenster hinein fliegen, aber nicht mehr heraus finden. – Manchmal rumpeln sie so lange in die Augen hinein, bis daß sie meistens hin sind.

Sie können überall spazieren gehen, auf dem Fenster, auf der Wand und auf der Weißdeck. Sie haben so viele Füße, daß man leicht ein paar ausreißen kann. – Die braven Fliegen kitzeln bloß. Aber die bösen zwicken mit der Schnauze. – Sie können auch sehr gut schwimmen. Am liebsten schwimmen sie in der Milch drin.

Unsere Katz fangt alle Fliegen, die wo sie derwischt. Neulich hat der Vater einen Fliegentatscher gekauft. Aber dieser ist sehr teuer, weil er schon eine Kaffeetaß und den Wecker herunter gefetzt hat. – Wann die Fliegen sterben, nacher machen sie an der Wand einen Kopfstand, und spreizen ihre Zehen in die Luft hinaus.

Die Staunzen

Wann der Sommer wider ins Land hereindringt, nacher fliegen auch die Staunzen aus den warmen Ländern zurük. Weil sie die Schwaiberl so gern mögen. Sie haben 5 oder 6 Haxen und einen zaundüren Bauch. Ihre liebste Speise sind die blutigen Menschen, wo sie einfach anzabfen und aussuzeln. Dises kizelt und beißt fürchterlich. Meistens schleuchen sie ganz stad daher, daß man sie überhaubs nicht hört. Aber diamal blasen sie auch mit einer ganz staden Drombete.

Wann der Vater auf der Hausbank sitzt, zwickens ihm sogar mitten durch die Hose hinein, oder auf das Hirn. Nacher flucht er ziemlich giftig und sagt: Du Schinderluder, du greislichs. Aber dann schimpft ihm die Mutter, weil sie sagt, daß die Leut meinen, daß er sie meint.

Wann ich einmal eine derwisch, die wo mir das ganze Blut aussuzelt, nacher schneid ich ihr einfach alle Zehennägel ab, auch wann der Herr Brofesser Dschimeg sich recht fest ärgert.

Neulich hat der Herr Lehrer gesagt, daß dises bloß lauter Staunzenweiberl sind, die wo das Blut suzeln. Aber die mänlichen Staunzen mögen blos ein Bier. Jezt wundert mich überhaubs nix mehr. Von mir aus soll alle der Teifel holen, dise weublichen Staunzen.

Im Tiergarten

Ich und der Herr Lehrer und die andern auch, wir haben neulich einen großen Ausflug bis auf München hinauf getan. Weil er gesagt hat, daß wir die zoologischen Vicher anschauen wollen. Weil nämlich in München hint alle Vicher versammelt sind, wo es sonst auf der ganzen Welt nimmer gibt. – Im Tiergarten haben wir gleich 30 Pfennig zahlen müssen, sonst hätten uns die Vicher gar nicht hineintreten lassen.

Da haben wir einen Elefanten gefunden, der wo sich nicht einmal über den Graben hinum hupfen traut. Sondern er hat bloß mit dem langen Schnabel unsere Äpfel gestohlen. – Nacher haben wir noch die ganzen Affen entdeckt, weil sie auf dem Baum droben ihre Flöh gefangt haben.

Schließlich war noch eine Riesenschlange anwesend, die wo in den großen Glaskasten hinein gewickelt war. Aber ich glaub, daß sie schon hin war, indem daß sie überhaupt nicht mehr gewakkelt hat. – Aber dann ist noch ein Tiger gekommen, der sofort zu uns heraus gespritzt hat. Mich hat er nicht derwischt, bloß die anderen. Dieses war sehr schön.

Plötzlich hat der Herr Lehrer gesagt, daß wir jetzt mit so viel Vicher schon glangen. – Dieses war sehr schön.

Der Rettich

Der Rettich ist ein Gartengerät. Wenn man ihn oft spritzt, nacher wird er manchmal sehr raß und dick. Meistens wachsen ihm lange Zehen, die wo man wegschneiden kann. Wenn die Brotzeit kommt, nacher wird er im Garten hint ausgezogen, und mit der Wurzelbürschte gebadet. Da werden ihm auch die Haare ausgerupft, die wo er nicht braucht und wir auch nicht.

Dann wird ein Aufschnitt daraus gemacht, und solange gesalzen, bis daß er sehr fest weint. Aber wir lachen, indem daß es nacher bald losgeht. Manchmal grausen wir uns fürchterlich, weil der Vater einen Radiwurm mitten in der Mitt auseinanderschneidet. Und wann nacher die Mutter sehr schimpft, dann grinst der Vater immer ganz leise und staad.

Schließlich muß ihm der Vater die Haut abziehen, daß wir die Blattel leichter derwischen. Und er kriegt dafür den Radischwanz, wo ihm seine Zähne immer wackeln, wann er hineinbeißt. Manchmal derwischt er auch noch ein Bier, wann uns zwei nicht ganz so fest dürscht. – Aber unser Buzi mag keinen Radi nicht, weil er so raß ist, und die Katz auch.

Die Schwammerl

Es gibt giftige Schwammerl, und auch gescheite, wo man nicht Bauchweh kriegt. Ich kenne die Braunschwammerl und die Reherl. Aber die Fliegenschwammerl nicht, weil diese sehr giftig sind. In Feldmoching ist schon einmal einer gestorben, weil er einen Fliegenschwammerl verschluckt hat. Aber wenn man vorher noch schnell zum Beichten geht, nacher kommt man auch noch in den Himmel.

Mein Onkel, wo der Trambahnführer von München ist, dieser zwickt noch viele anderne Schwammerl ab. Wo mir aber direkt lachen müssen, was die Stadtleute alles verspeisen. Die sollen ruhig Bauchweh erhalten, aber wir nicht!

Manche Schwammerl haben Würmer und sie werden auf dem Nudelbrett gedürrt. Aber es gibt auch solcherne, wo einen Schnupftawak haben, bal man fest drauftritt. Man kann auch eine Schwammerlsuppe machen, weil nämlich die Schwammerl zu den Pilzen gehören.

Der Wald

Wann mehrere Bäume in Reih und Glied aufgestellt sind, so heißen wir dieses einen Wald. Und hinter den Holzbäumen sitzen die Schwammerl und die Hasen. Wenn die Bäume fest sausen, nacher kommt meistens ein Wind. Aber die Schwammerl sausen nicht ganz so fest. – Die Holzbäume haben grüne Borsten, aber keine Blätter nicht.

Sie sind mit Tannenzapfen und Eichkatzeln bedeckt. Diese fressen die Nüsse von den Christbäumen herunter. – Innen drin hocken die Spechte, weil sie einfach die Bäume solange durchlöchern, bis daß sie Platz haben. Wann ein Jäger in den Wald kommt, so ducken sich die Hasen und die Eichkatzeln, weils ihn nicht gerne mögen. – Bei der Nacht ist es im Wald ziemlich finster und sehr leise, indem daß dann alle Holzfuchsen und Ameisen schlafen, und die Bäume auch.

Der Wald ernährt die Menschen mit Schwammerl, Nussen, Holzscheitel, Tatzenstecker, Moos und Erdbeeren. Manchmal liefert er auch noch einen Christbaum und eine sehr gesunde Luft. – Wann einer einen Holzbaum umschneidet, so muß er sehr fest aufpassen, ob kein Schutzmann nicht daher saust. Indem daß dieser den Baum selber brauchen könnte.

Der Frühling

Die Sonne hört mit dem Winterschlaf auf. Der Schnee kann das Wasser nicht mehr halten und verkriecht sich in die Mauslöcher. Die Gickerl plärren, daß ihnen der Kropf auflauft. Die Hener legen wieder Eier und die Landwirte Kartoffeln. Der Wind pfeift leise, und an den Haselnußbäumen wackeln die Würste.
Die Stare reisen unaufhaltsam zurück, weil in Italien hint die Fleischfliegen und die Staunzen ausgegangen sind. Die Lerchen steigen in den Himmel hinauf und suchen ihre alten Nester. Auch die Spatzen sind schon wieder bei uns.

Die Frauenkäferl rutschen über das Kuchelfester hinunter, und der Osterhas findet wieder Arbeit und Brot. – Die Odelgruben riechen so fest, daß sie fast stinken. – Die Mutter schneidet dem Vater die Haare ab, und verkauft meinen dicken Wintermantel, weil er sonst immer noch kleiner wird.

In der Schule merken wir auch allmählich, daß der Auswärts daher saust, indem daß wir einen sehr schönen Aufsatz schreiben müssen. – Ich freue mich, wann die Maikäfer wieder aus dem Boden schleichen. Weil ich nacher der Lunglhofer Zenzi einen in den Hals hinunter steck, indem daß sie dann fürchterlich plärrt.

In der Fastenzeit

Wenn der Aschermidwoch anfangt, nacher ist die Lustigkeit gar, aber die Fastenzeit noch nicht. Am Aschermidwoch missen wir alle in die Kirch, indem daß wir hier eingestaubt werden. Dabei sagt der Her Bfarrer: Bedenke o Mensch, daß du staubig bist, und den Staub wieder zurückkehren wirst.

Die Fastenzeit ist ser praktisch, indem daß nemlich die Mutter alle Fisch brauchen kann, die wo ich im Bach drin derwisch. Weil nemlich das andere Fleisch eine schwere Sünde ist, hat der Herr Bfarrer gesagt. Bloß die Fische nicht und die Rotäugerl auch nicht.

Aber der Vater schimpft immer firchterlich, weil er alle Tag bloß eine Halbe kriegt, von wegen dem heuligen Fastengebot, sagt die Mutter. – In der Fastenzeit komt der Her Bfarrer immer blau an den Altar. Dieses ist immer ser feuerlich.

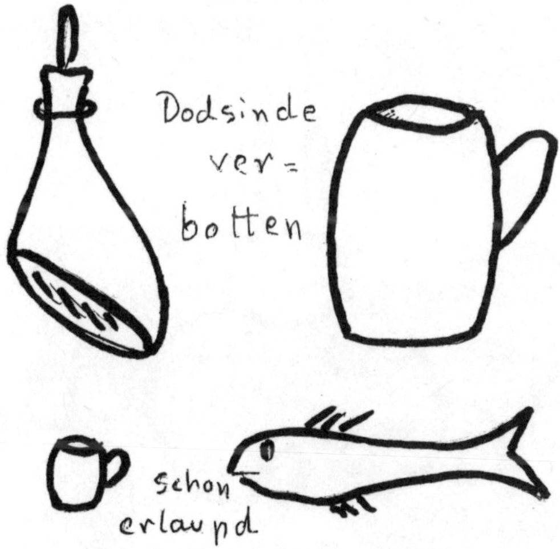

Ostern

Wenn der Frühling nicht mehr lange ausbleibt, Nacher ist Ostern auch bald in der Nähe. Dieses merken wir besonders, indem daß die kleinen Katzerl schon auf den Palmbäumen droben Platz nehmen. – Dann wird im Garten hinten ein Nest versteckt, daß sich die Mutter besser freut. – Aber ich weiß schon was.

Auf Ostern werden alle Ostereier geweicht. Da muß ich vorher die Eier anpecken, und die Schale wegzupfen, weil sonst der Segen nicht hineinrinnen kann. – Aber nach der Kirch trifft der große Hunger. Da gibt es nacher geweichte Eier und ein Geselchtes, eine geweichte Nudel und auch Salz. Und einen geweichten Kree, wo gleich so raß ist, daß man immer blasen und mit der Zunge wacheln muß.

Und dann wird die Großmutter immer ausgelacht, weil sie nämlich die Eierschalen auch verspeist. Sie sagt, daß sonst das Geweichte verloren geht. Aber wir verschlucken bloß das Geselchte, weil wir nicht so dumm sind. Wo nämlich auch sehr fest geweicht ist.

Der Flurumgang

Alle Jahre wieder erscheint der Umgang. Da freuen sich alle Menschen und Landwirte, weil nacher die Felder fest wachsen. – Daß der Herr Pfarrer nicht so naß wird, drum muß der Wirt und der Kramer und der Bäck und der Sauhandler den Himmel tragen. – Da sagt mein Vater immer, daß dieses die 4 größten Lumpen sind. Aber sie können sehr fromm drein schaugen. Und wann es pressiert, knien sie fest in den Dreck hinein.

Der Schuster Wast tragt die große Fahne. Aber die Schuster Kati sagt immer, daß er sehr dumm ist, indem daß er bloß 2 Mark kriegt. Und wo er immer einen solchernen Durscht empfängt, daß er gleich um 3 Mark ein Bier braucht.

Einmal ist dem Zipferl Isi der ganze Absatz im Dreck drin stecken geblieben, daß er immer gehunken hat. – Dann haben wir gar nicht mehr gescheit beten können, vor lauter Lachen. – Der Flurumgang ist sehr schön und sehr lang.

Der Sommer

Der Frühling ist davon und der Sommer ist hereingebrochen. Wir erkennen ihn dadurch, daß die Kinder barfuß laufen und daß sich die alten Leute überall stark vermehren.

Die Spatzen werden frecher und das Gras wird grüner. Die Bäume geben mehr Wind und der Weizen schießt plötzlich in die Luft. Die Schmetterlinge und Mistkäfer sind dicker geworden und die Hunde zeigen ihre Zunge her. Auf dem Misthaufen tanzen die Fliegen und die Peitschen krachen sehr lustig. Die Schuhe und Strümpfe sind hinter dem Kanape aufgehoben und der große Zeher ist eingebunden, von wegen dem Glasscherben.

Die Leute schwitzen überall und der Wirt freut sich auf den Durscht. Der Vater laßt sich vom Bader die Hühneraugen herauszwicken und die Blutegel setzen, daß er wieder fester schnaufen kann. Manche Kinder fallen ins Wasser hinein. Ich freue mich im Sommer sehr, weil dann bald die großen Ferien erscheinen.

Hundstage

Wenn im Kalender der Sommer drin steht, nacher finden manchmal auch die Hundstage statt. Diese heißen so, weil die Hunde und die Dackel einen sehr langen Pleschel heraushängen lassen. Dann ist es oft so heiß, daß sich nicht einmal die Wolken sehen lassen.

Die Menschen müssen oft so fest schwitzen, daß sie blaue Augenglasl anziehen. Manchmal kommt auch ein Sonnenstich zum Vorschein. Und im Bauch drin versammelt sich ein fürchterlicher Durscht. Dieser heißt auch Hundsdurscht, weil er kein Wasser nicht brauchen kann, sondern bloß ein Bier.

Nacher gehen die Spatzen zum Baden, und der Kohlrabi laßt seine Flügel hängen. Die Anten schleichen sich unter den Mistwagen, weil dort die Hundstage nicht so giftig hineinblitzen können.

Wanns dem Herrn Lehrer grad paßt, dann schaut er auf das Dingsda hin. Indem daß er sagt, daß es heute sehr hitzig ist, weil wir Hitzferien brauchen. – Nacher schreien wir Juhu, und rumpeln heim. Und daheim machen wir die Fensterläden zu, und watten eine Maß aus.

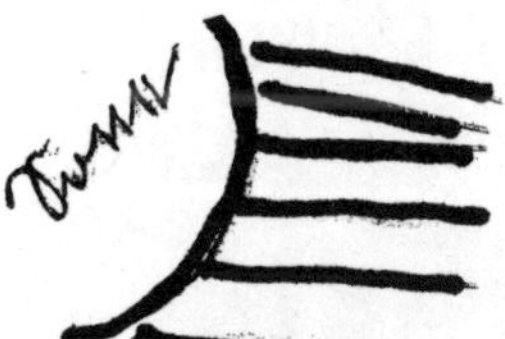

Beim Baden

Wann es sehr heis ist, nacher hubfe ich in den Bach hinein. Ich ziehe eine Badehoße an und eine Seife und auch Handuch. Und Schmalznudeln auch. Zerscht küle ich meinen Bauch fest ab, das ich nicht so fest schwize. Nacher schbrize ich die Meislinger Zenzi fürchderlüch an, indem daß sie das Wasser imer fürchtet, weil es so naß ist.

Dann mache ich einen Rükenschwumm und eine Brodzeit, daß mich nimer so fest frürt. Wenn das Baden aufhört, nacher ist der Nikolaus nimer weit weg. Aber ich fürcht den Nikolaus nimer, weil ich genau weis, wer es ist.

Eimal bin ich der Zenzi under dem Bauch hindurch geschwumen. Da hat sie hundsgemeun geblärt. Und ich hab einen ganzen Schapfer foll Wasser verschlukt, indem daß sie mich mit seinem Hax auf das Gnak hinaufgeträten ist.

Eis

Wann ich ein Zehnerl brauch, nacher geh ich einfach zum Großvater hin, und druck ihm ein Wimmerl auf der Nase aus, indem daß sich die Mutter gleich so viel graust. Aber ich nicht, weil ich unbedingt ein Zehnerl brauch, für das Eis.

Wann die große Hitz einbricht, nacher kommt für uns die geliebte Eiszeit, wo beim Kramer vorn stattfindet, indem daß eine Fahne heraus gehängt wird, und bloß ein Zehnerl kostet.

Das Himbeereis ist das allerbeste. Aber noch viel besser sind zwei Schokolade-Eis, weil diese so eisig über die Gurgel hinunter rutschen. Manchmal finde ich im Schubladen drin noch ein unbekanntes Zehnerl, wo die Mutter gar nicht mehr weiß. Nacher wird sich noch ein Fanüle-Eis gekauft.

Einmal hab ich der Simmerl Resi ein ganzes Tüterl voll ins Gnack hinunter gelassen, wo gleich fürchterlich geplärrt hat, vor lauter Kälte und Fanüle-Soß. – Im Winter ist mir das Bier lieber. Aber im Sommer das kühle Eis, indem daß es so schön rosarot ist. Wann ich groß bin, werde ich auch ein Eiskramer.

Das Gewitter

Zerscht scheint die Sonne ganz lauwarm. Nacher schleichen die kohlschwarzen Wolken um den Kirchturm hinum. Schließlich fangen auch noch die Bäume das Wackeln an und der Wind kommt mit seiner Sauserei zum Vorschein. Der Staub raucht so fest in die Luft, daß man die Augen zumachen muß.

Plötzlich beginnen die Regentropfen. Sie schwimmen so lange auf dem Boden um einander, bis sie ein Loch finden. Die Spatzen ducken sich hinter die Hollerstauern und die Schwalben heben sich die Staunzen für später auf. Die Frösche fürchten den Regen so fest, daß sie im Wirtsweiher untertauchen. Die Großmutter fangt das Beten an und die Mutter schimpft den Vater, weil er noch nicht beim Beichten gewesen ist.

Auf einmal brummt der Donner ganz leise. Nacher wird er so giftig, daß sich alle Leute fürchten. Manchmal passiert auch ein Blitz. Aber die geweichten Wetterkirzen helfen ihm schon, daß er daneben blitzt. Einmal hat es in Kindldorf den ganzen Kirchturm umgeschmissen. – Aber wann das Gewitter vorüber ist, nacher ist alles wieder vorbei.

Am Abend

Wann sich die Sonne verzieht, dann tritt der Abend leise herein. Und wann das Gebet gelitten wird, so rutschen die Vögel in ihre Nester hinein und schlummern sanft. Und die Spatzen und der Buzi auch. Die Menschen spirren die Haustür zu, weil der Nebel als wie ein Geist um einander schleicht.

Nacher setzen wir uns alle in den Tisch hinein, weil dieses sehr schön ist. Die Mutter lest aus der Zeitung alle heraus, die wo gestorben sind. Dieses ist sehr traurig. Und dann lest sie auch noch alle heraus, die wo an der Kirchtür ausgehängt sind. – Dieses ist noch viel trauriger, sagt mein Vater. Er speist einen Leberkas und eine Maß Bier. Und wann grad ein Samstag ist, so rasiert er ihm.

Ich schreib meine Hausaufgab und bin sehr fleißig. Weil ich einmal ein Buldogfahrer werde, der wo eine Kultur haben muß, daß ihm das Finanzamt nicht so fest ausschmieren kann. – Um 8 Uhr schleicht der Kukuk beim Uhrkastel heraus und plärt gleich 8mal. – Einmal hat er bloß 7mal geplärt.

Der Herbst

Wenn die Tage kürzer werden und die Unterhose länger, nacher reist der Herbst ins Land herein. Die Felder werden leerer und die Schwammerl werden mehrer. Die Runkelruben setzen einen Speck an und die Drachen hupfen bis in die Telefondräte hinauf. Die Dreschmaschinen wackeln vor lauter Staub und die Herbstzeitlosen blühen sehr giftig.

Die Mäuse rumpeln über den Acker hinum und der Schäfer freut sich, daß er nimmer von den Bauern geschimpft wird. Morgen vertausch ich meine Badehose für eine Kapselbüchs. Und die anderen Buben stehlen dem Herrn Pfarrer seine Nussen.

Die Mutter dürrt die Kletzen, daß wir im Winter was zum suzeln haben. Manchmal heizen wir in der Schule ein, sonst bleibt das ganze Holz übrig. Wann ich einen Kürbis derwisch, nacher mach ich einen Totenkopf draus, und derschreck die Schnitzel Waam. Einmal ist sie schon davon geloffen. Dann weiß ich gleich, daß der Herbst herein gebrochen ist.

Wir schlachten

Unser Fakel hat schon 3 Zentner. Da wird bald das große Messer geschliffen, und auch viele Zwiebeln und das Saupech. – Ich muß das Blut in der Schüssel drin rundum rühren, daß die Blunzen nicht so hart werden. Wenn sie ganz gestorben ist, nacher kriegt sie ein heißes Wasser, wo im Sautrog drin schwimmt.

Nacher wirds noch rasiert, weil wir keinen Schweinebart nicht brauchen können. Sonst kitzelt er uns im Bauch drunten sehr fest. – Dann werden die Würschte durch die Fleischmaschine gelassen. Vom Darm kommt der alte Saft heraus und ein neuer hinein.

Die großen Fleischbatzen werden versalzen und in ein Fassel hinein getaucht, wo ein Stein draufliegt. – Am liebsten mag ich die Ohrwascheln. Diese haben sich im Kesselfleisch drin versammelt, und krachen sehr fest, bal man hinein beißt.

Nacher krieg ich auch noch die Saubladern, wo ein ganzer Haufen Luft hinein gebunden wird, weil ich sie im Fasching sehr notwendig brauchen kann. Dem Alis bin ich noch ein paar schuldig, weil er mir im vorigen Jahr auch 2 hinauf gelassen hat.

Vom Essen

Am gernsten mag ich das Bier, wo so fein über den Bauch hinunter rint. Und den Schogerlat auch, indem daß disser lauter große Nussen besizt. Aber nacher kommt sofort das Himbereiß, weil es meistens zimlich kalt ist, und manchmal direkt kül. Auch das rosarote Sbringerl ist mir am libsten, wo so fest in die Nase hinauf hubft.

Von den anderen Malzeiten ist der Zweschgen Dadschi mein Liblingsgemüse und auch der Läberkass. – Wann die Mutter immer mit Kardofeln daher komt, disse sol sie liber selber verspeissen. Weil nemlich unser Opa for lauter Kardofel ale Zäne heraus gebüssen hat, disses bassürt mir eimal nicht.

Am Namenstag hat es ein Spofakel gegäben. Aber da ist meiner Schwester ser schlecht geworden, weils das ganze Schwanzel abgefiselt hat. Aber mir nicht, indem das ich ein Orwaschel derwischt hab. Das Essen ist sehr schön und manchmal auch gesund.

Mein Kripperl

Wie ich diesmal das Kripperl aufgestellt hab, bin ich fürchterlich derschrocken, indem daß die Mäus drüber gekommen sind. Und deswegen hat es ausgeschaut, als wie in Sodoma und Gomora: Der heulige Josef hat den Kopf verloren und der Ochs den Schwanz. Die Krippe hat ziemlich gewackelt, weil nämlich ein Hax gefeilt hat. Und vom Gebirg ist ein Felsen runter gekugelt. Drum hat der Weiher einen Sprung erhalten und das Christkindl auch.

Die Mäus haben das Heu gefräsen, wo dem Esel gehört hat, und dem heuligen Jesusknaben sein Lampel auch. Der goldene Stern ist auf das Dach hinauf gefallen, und der König Baltasar hat sein Haferl verloren. Der Kaspar ist vom Kamel herunter, und mitten in die Mausbemmerl dringelegen. Dem Esel sein Ohrwaschel hat man überhaupt nimmer gefunden, und das ewige Licht ist total hin gewesen.

Meine Mutter hat die Händ überm Kopf zusammengeschlagen. Aber ich bin gleich zum Kramer gerennt, wo einen ganz guten Leim hat. – Aber diesmal stell ich gleich zwei Mausfallen auf, eine auf dem Gebirg droben, und eine unter das Kamel hinein.

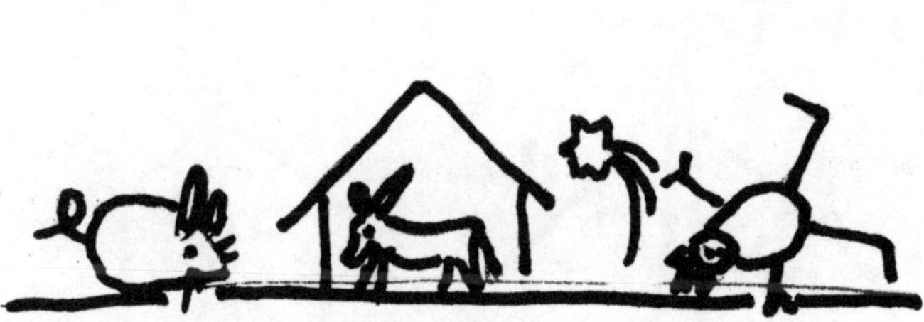

Der Weinachtstag

Wir haben den Christbaum aufgestellt, den wo wir im Supenmeier seinem Holz drin geholt haben, wie es hübsch finster war. Ich hab ihn ganz allein aufgehängt, das meine Schwester nix spannt, indem das sie imer noch was glaubt. Heuer hab ich bloß 4 Kugeln gabut gemacht, weil sie auf den Boden hingeflogen sind.

Unterm Christbaum stand ein Käfig, wo dem Vater sein Vogel drin zwitscherte. – Und als er in seine neue Hose hineinfuhr, gab es gleich darauf die Bescherung. Ich hab 5 Kaugummel erhalten und eine Mundharmoni. Und wie ich den Sternwerfer rundum gelasen hab, flog er auf das Kanabee. Wo wir aber erscht spannten, wie es sehr fest geraucht hat, und wie der Vater mit dem Wasserhaferl daher gesprungen ist.

Am andern Tag vermehrten sich die Verwanten so sehr, daß wir ganz giftig geworden sind. Der Vater schrie gleich: Räumts die Gans weg! – Die Mutter hat schon ein sehr fettes Schweinernes gekocht, weil die Tante Resi dieses nicht so gut vertragen kann. So ist der schönste Tag im ganzen Jahr verloffen.

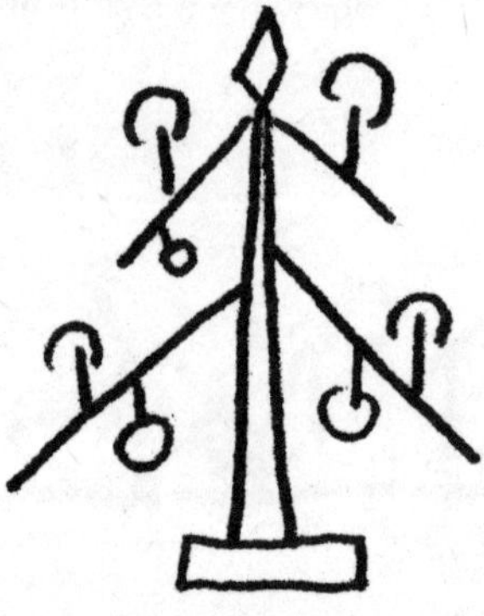

Der Winter

Der Winter ist die 4. Jahreszeit, wo sehr kalt ist. Dieses merkt man gleich im Kalender. Im 100 jährigen Kalender steht auch drin, daß es schneibt. Manchmal beißen die Zehen und die Finger gleich vor lauter Winter. Aber schuld ist grad meine Mutter, die wo mir keine gescheiten Handschuhe nicht strickt.

Oft ist die Kälte so giftig, daß die Luft raucht, wo aus dem Mäu herausschleicht. Aber im Sommer wird es nacher schon wieder besser. – Die Igel haben sich verschloffen und ein paar Äpfel mitgenommen. Die Fleischfliegen und Staunzen sind nach Italien gereist und die Schwalben auch. Der Schneck setzt sich in sein Häusel hinein, daß ihn der Winter nicht zwicken kann, und wir heizen die ganze Stube ein.

Ich schaue, daß ich von der Großmutter ein Paar Maßkrügeln derwisch. Nacher kann ich wieder Bleisoldaten gießen. Der Alis aus München hat mir erzählt, daß es seine Wasserleitung zerrissen hat. Der Großvater sitzt im Winter hinter dem warmen Ofen und schaugt öfters um die Ecke, ob der Tod noch nicht kommt. So hat ein jeder sein eigenes Vergnügen.

Die Mutter

Meine Mutter ist ein Weiberleut. Sie hat mich und den Vater. Aber mich hat sie lieber, als den andern. Weils zu mir Sepperl sagt. Und zum Vater bloß: He, du! – Wann der Vater grad nicht da ist, nacher kaufen wir uns eine Halbe. Manchmal legen die Hener so viel, daß wir uns gleich eine Maß kaufen.

Die Mutter heißt Resl, was aber Theresia ausgesprochen wird. Sie hat ein rosarotes Gwand und Dauerwellen. Und wann die heiligen 3 Könige kommen, nacher schreibt sie 3 Kreuzel auf die Tür hinauf. Wann sie die Zeitung lest, so erzählt sie mir immer, wer gestorben ist, und wer geheiratet wird.

Wann der Postbot zu uns kommt, so kann die Mutter sehr fest lachen. Aber wenn der Vater kommt, nacher schaugt sie immer recht grantig drein. – Am Muttertag kaufen wir uns einen ganz einen süßen Wein, weil der Vater keinen solchen nicht brauchen kann. – Einmal ist die Mutter schon in Altöting gewesen.

Vater rasiert sich

Am Samstag nach der Brotzeit muß sich der Vater rasieren, weils ihm die Mutter anschafft. Da schaug ich immer zu, indem daß er sonst überhaupt nicht fertig wird. – Erstens reibt er sein Messer so lang hin und her, bis daß es glangt. Nacher schmiert er die Seife solang im Antlitz durch einander, bis daß ich sag, daß er jetzt aufhören soll, weils mir sonst zu dumm wird.

Zweitens kratzt er mit dem Messer ins Gesicht hinein, daß die Stacheln grad so krachen. Und wann er sich schneidet, dann lach ich gleich sehr laut. Dann sagt er immer, daß er mir eine batzt, wann er mich derwischt. Aber er batzt mir keine, weil er mich nicht derwischt.

Und drittens, wann er fertig ist, so macht er in den Spiegel lauter Grimasen hinein. Nacher trag ich einfach den Spiegel hinaus, weil er sonst gar nicht zum Futterschneiden kommt. Viertens, wann ich einmal groß bin, so brauch ich nicht so lang zum Rasieren, indem daß ich es viel schneller kann.

Die Mutter stöbert

Wann die Sonne den ganzen Schnee weggeschleckt hat, nacher meint die Mutter immer, daß bei uns alles voll Dreck ist. Drum kauft sie einen Besen und 2 Buzlumpen und einen Haufen Wasser, und kocht alles, bis daß es raucht. Nacher muß der Vater den ganzen Kasten ausramen. Aber ich nicht, indem daß ich imer 1 Teller und 2 Tassen fahlen las. Aber der Vater traut ihm nicht so, weil's gleich so fest plärt, das ales wakelt.

Beim stöbern finden wir hinterm Bett eine ganze Schaufel voll Wugerl. Und hinterm Kasten einen halberten Kübel voll Mist und auch einen Söckel, den wo wir schon seit dem Kartofelglauben suchen, und auch mein Aufsazheft, das wo ich nicht gern herzeigen mag. Und hinter dem Ofen endecken wir eine Kiste voll Staub und ein Mausnest, wo wir immer bfeifen hörten, aber niemals nicht gefunden haben.

Eimal hat der Vater einen Kübel voll Wasser umgestessen. Da hats ihm gleich den Buzhadern über sein Haubt hinum gelasen. Nacher hab ich so fest lachen missen, daß er mir ein Holzscheidel hinauf gebelzt hat. Dann hab ich ganz leise geflucht. Ich freue mich immer, wann die Mutter stöbert, indem daß dieses sehr lustig ist.

Meine Schwester

Wir haben eine ganz kleine Schwester, die wo Tag und Nacht plärt. Da lauft der Vater immer gleich davon, indem daß er sagt, daß er mit der Mutter schon glangt. Manchmal kriegt sie einen Dizel, wo eine Flasche hingehängt ist. Da drin hat eine Milch Platz.

Neulich hat der Vater aufpassen müssen, weil die Mutter unbedingt neue Dauerwellen gebraucht hat. Da hat er einfach einen Zucker in einen Hadern hinein gebunden, und in den Schnabs hinunter getaucht. Da hats sehr fest gesuzelt, und plötzlich ist sie sanft entschlummert.

Gestern hab ich sehr fest lachen müssen, weils ein Tischtuch derwischt hat, wo sich die Schüsseln drauf versammelt haben. – Wanns bei der Nacht plärt, dann schimpft die Mutter so lang, bis daß der Vater aufsteht und nachschaugt, was innen drin los ist. Da halte ich mir immer die Nase zu, weils mich fürchterlich graust.

Die Familie

Die Familie zerfällt in 3 Sorten, nämlich Mann, Weib und Kind. – Nummer 1 und 2 hat Schuhe an. Aber Nummer 3 muß barfuß laufen. – Der Mann muß das Geld herein bringen. Aber die Frau braucht Dauerwellen und muß die Schuhe putzen. Das Kind ist im Kindheit Jesuverein drin.

Manchmal raucht der Mann. Die Frau hat dafür einen Muttertag. Und das Kind darf in die Schule gehen und muß folgsam sein. – Am Sonntag darf der Mann ins Wirtshaus gehen. Die Frau hat einen Lippenstift und futtert die Hener. Das Kind muß sich am Samstag die Füße waschen. – Wann alle 3 beisammen sind, nacher wird gespeist.

Wenn die Frau das Schimpfen anfangt, nacher muß der Mann ganz leise sein. Indem daß sonst auch noch die Holzscheiteln um einander fliegen. – Es gibt auch noch eine heilige Familie. Diese haben wir im Schlafzimmer aufgehängt.

Meine Verwandtschaft

Meine Mutter heißt Resi. Aber meinen Vater weiß ich nicht, weil die Mutter immer bloß: He, du! sagt. Mein Großvater ist ein Viechhandler. Und mein Vater sagt immer, daß er alle Leute ausschmiert. Dafür geht meine Großmutter alle Tag in die Kirch, und fahrt alle Jahr 2mal nach Altöting. Manchmal fahrt sie den Großvater mit einem Schubkarrn vom Wirt heim.

Ich habe auch noch eine Tante Zili, wo eine sehr feine Nase hat. Weil sie immer gleich schmeckt, wann die Mutter einen Kuchen kocht. Nacher kommt sie ziemlich schnell zu uns, und reist erscht wieder fort, wann der ganze Kuchen leer ist. Sie kann auch Karten schlagen. Und wenn die Leute krank sind, kann sie dieselbigen gesund beten. – Aber den Schandarm mag sie gar nicht.

Meine anderne Tante, wo sich Wali schreibt, diese wohnt in Garmisch. Sie ernährt sich von Sommerfrischlern. – Mein Onkel Bebbi ist groß und stark. Der kann überhaupt keine Schulehrer nicht leiden, indem daß er 2mal sitzen geblieben ist. – Aber jetzt hat er denerscht sehr viel Geld, weil er beim Viechhandeln sehr schlau ist.

Der Mensch

Der Mensch zerfällt in Leib und Seele und Haare. Die Seele ist ein Geist, wo man nicht sehen und hören kann. Aber den Leib schon. – Er hat auch einen Kopf, daß der Kragen oben nicht so leicht hinausrutscht. Im Kopf drin sind 32 Zähne. Und wanns ihm zu viel werden, nacher laßt er ihm einfach ein paar rausziehen.

Für die Hosenträger sind eigens noch 2 Schultern angewachsen. Wann es sehr kalt ist, dann lauft die Gänsehaut über die Wirbelsäule hinunter. Am oberen Ende der Wirbelsäule sitzt der Kopf, am unteren Ende sitzen die Menschen.

Manchmal müssen sich die Menschen die Füße waschen, weil sie keine Schweine nicht sind. Sonst wäre ja bei den Menschen auch ein Schweinepelz angewachsen. – Drum brauchen wir auch ein Gewand, weil wir eine höhere Kultur haben, als wie die armen Heidenkinder, die was gleich nackert um einander sausen.

Unsere Zähne

Die Menschen haben viele Zähne. – Manchmal sind es so viele Zähne, daß man sich selber beißen kann. – Es gibt zweierlei Zähne, die oberen und die unteren. Man kennt sie deshalb aus einander, weil die anderen auf dem Kopf stehen. – Die Schneidezähne sind für die Äpfel und für den Zwetschgen-Datschi da. Die Stockzähne gehören für die Haselnussen, und für die alten Brezen. – Und die Milchzähne braucht man auch.

Manche Zähne sind aus Kalk. Drum beißen sie so fest. Wann aber der Kalk derfäult, nacher tut er weh, und manchmal sehr weh. Dann kann man zum Zahnarzt gehen, wenn man mag. Indem daß dieser den Wehdam heraus reißt, und einen neuen hinein machen kann.

Wenn man die erste heilige Komunion hat, so muß man sich die Zähne putzen. Indem daß sonst der Herr Pfarrer spannt, daß das Mäu schmeckt. – Die Hunde haben auch Zähne. Aber die Katzen haben Krallen.

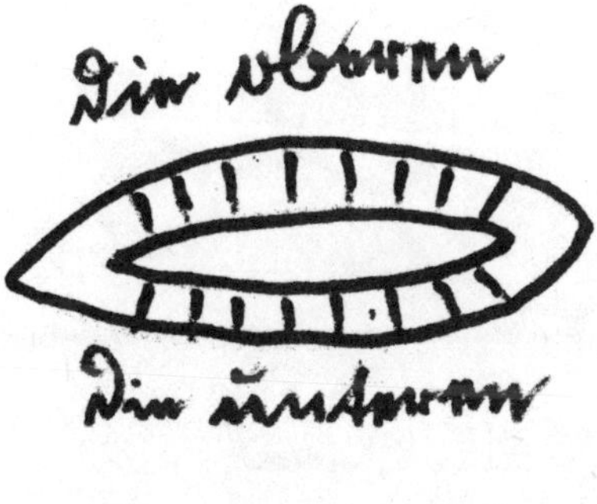

Mein Lebenslauf

Ich bin ein Zwilling. Aber mein Bruder nicht, weil er nicht mehr lebt. – Meine Mutter sagt immer, daß überhaupt keiner nicht weiß, ob mein Bruder gestorben ist, oder ich. Zerscht habens immer gemeint, daß ich gestorben bin, aber der Hansi nicht. – Aber nacher habens einfach umgekehrt gemeint.

Mein Lebenslauf beginnt im 2. Jahr. Indem daß ich vorher noch nicht laufen konnte. – Am 3. Tag erlitt ich die heilige Taufe. – Seit dieser Zeit schreibe ich mich Wiggerl. – Meine Mutter sagt immer, daß ich sehr fest geplärt habe, wie ich die heilige Gimpfung empfangen durfte.

Einmal erlitt ich einen Zahnausfall, wie ich über die Stiege hinunter gerumpelt bin. Voriges Jahr hat mich dem Hingerl sein Buzi gezwickt, indem daß ich ein Nachthaferl an seinen Schweif hingebaut habe. – Mit 6 Jahren bin ich in die Schule hinein gewandert, wo ich nun die Wissenschaft lerne. – Heuer bin ich gefirmt worden. Aber die Firmungsuhr ist schon wieder hin, weils bloß 10 Mark gekostet hat.

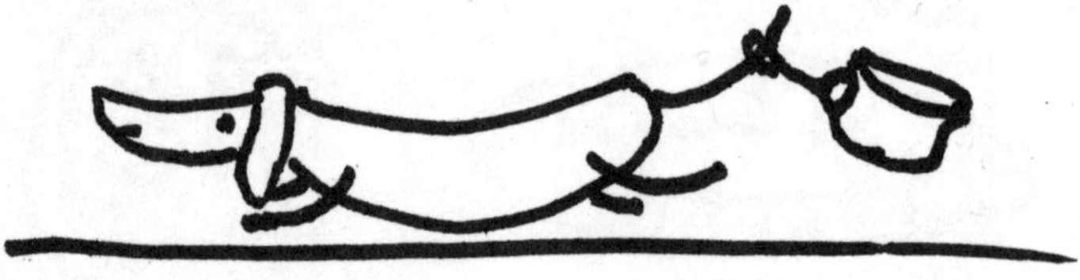

Der Kommuniontag

Zerscht haben wir beichten müssen, weil wir keine Sünden nicht haben dürfen. Ich hab dem Herrn Pfarrer alles gesagt, bloß nicht, daß ich eimal seine Birnen derwischt habe. Aber dieses habe ich sehr fest bereut.

Nacher sind wir alle angetreten, und haben ein sehr schwarzes Gewand angehabt. Und die Mädchen ein ziemlich weißes. Sie haben einen feinen Kranz besessen mit Dauerwellen. Und mit einer schönen Kirze, wo sehr teuer war. Die meine ist die allerlängste gewesen. Bloß dem Xaverl die seinige ist noch ein wengerl länger gewesen, und bei der Schmalzinger Resl auch.

Nacher sind wir auf der Straße fest marschiert. Und alle Leute haben fürchterlich gegafft, weil wir daher gekommen sind. – Auf einmal ist der Wastl dem Zipferl Alis plötzlich auf den Hax hinauf getreten, daß er den ganzen Absatz verloren hat. Und wie grad der Herr Lehrer nicht hergeschaugt hat, da hat er ihm seine hochgeweuchte Kirze um das Haubt hinum-gelassen, daß er ganz leise geweint hat. Deswegen haben wir ein sehr schönes Erlebnis gehabt.

Der Katechismus

Die Menschen und Kinder sind sehr böse. Dieses kommt von der Erbsünde, die wo der Adam und die Eva für uns getan haben. – Drum ist der Katechismus eingetroffen, was eine Versammlung von lauter guten und schlechten Gesetzen ist. – Die guten sind solcherne, was man tun darf, und die schlechten solcherne, was man nicht tun darf.

Dieses kann man sich sehr leicht merken. Immer wos heißt: Du sollst, da derfen die anderen schon zuschaugen. – Und immer, wos heißt, Du sollst nicht, da derf man die anderen nicht zuschaugen lassen.

Zum Zuschaugen gehört: Wenn wir in die Kirch gehen, wenn wir auf Ostern beichten, und wenn wir dem Mesner ein Fünferl geben. – Aber zum Nichtzuschaüen gehört, wenn wir beim Mesner einen Hosenknopf hinein schmeißen, wenn wir am Freitag eine Wurscht verschlucken, wenn wir auf dem Hingerl seinen Apfelbaum droben hocken, und wenn wir einen Christbaum derwischen.

Drum müssen wir den Katechismus sehr genau lernen.

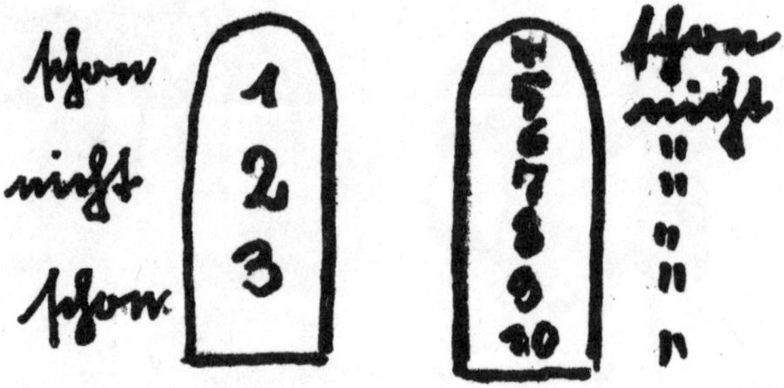

Das Taschentuch

In der Schuhle müssen wir eine Guldur lernen. Drum geht es bei uns sehr fein zu, indem daß jeder ein Taschentuch braucht. Da dürfens wir nicht mehr so machen, als wie auf der Straß, nemlich einfach mit der Bluse oder mit der Hend.

Aber der Nudelmeier Alis trazt den Herr Lerer imer. Er schneizt ihm einfach so lang nicht, bis das es dem Herr Lerer fürchterlich graust. Und wann er sagt: schneiz dir, nacher rutscht er bloß mit dem Bleschel hinauf, daß wir alle sehr fest grinsen müssen. Und der Herr Lehrer verziegt gleich das ganze Andlitz und zwickt seine Augen zu.

Einmal hat er nicht aufgebast und dem Alis eine feste Wadsche gegeben. Aber nacher hat er gleich die Hende waschen müssen und fürchterlich geschimpft. Drum sagt er jetzt vor der Wadsche immer: Nudelmeier, schneiz dir zerscht! Aber wann nacher der Alis plötzlich wieder mit dem Bleschel hinaufglangt, dann vergißt der Herr Lerer die ganze Wadsche. Und der Alis grinst recht hinderfozig.

Wie ich einmal lachen mußte

Neulich haben wir uns einen Salzharing gekauft, ich und der Hingerl Sepp. – Nacher haben wir das Viech an eine Fischangel hingenagelt, und in den Bach hinein getaucht. Und wie der Herr Schandarm gekommen ist, da haben wir sehr fest in den Bach hinein geschaugt, ich und der Hingerl Sepp.

Dann ist er sehr leise zu uns her marschiert. Und auf einmal hat er uns beim Krawatel gepackt. Aber wir haben gesagt, daß wir überhaupt nicht fischen, indem daß uns bloß der Haring viel zu sauer ist.

Nacher haben wir den Haring hergezeigt, und die Polizei hat unser Krawatel wieder ausgelassen. Und wie er fort war, haben wir sehr fest gelacht und gefischt.

Mein schönstes Erlebnis

Einmal bin ich vom Birnbaum herunter geflogen, wo ein Spatz droben war. Aber der Spatz ist mir nicht mehr ausgekommen, indem daß ich ihn fest in den Hosensack hinein gezwickt hab. Nacher hab ich das Vöglein heimgetragen und in der Stube drin ausgelassen. Aber leider hat es nicht gescheit fliegen können.

Da hat meine Mutter einen sehr heißen Kafe gekocht, wo fürchterlich gedampft hat. Und wie sie hinausgegangen ist, da flog das Spätzlein in den Dampf hinein. Aber der Dampf hat ihn plötzlich derwischt, und ist in das sehr heiße Haferl hinein geflogen, wo er sofort hin und total kaput war.

Aber ich habs der Mutter nicht gesagt. Und weils nicht gescheit aufgepaßt hat, hats den Kafe in die Tasse hinein gelassen. Und wies den ganzen Kafe ausgetrunken hat, da hab ich fürchterlich gelacht, weils einen Spatzenkafe verspeist hat. Dieses war mein schönstes Erlebnis, indem daß sich die Mutter fürchterlich gegraust hat.

Im Zirkus

Es war einmal ein Zirkus, wo 30 Pfennig gekostet hat, wie wir hinein getreten sind. Da ist auf einmal ein dummer August dahergesaust, mit einen schrecklichen Purzelbaum. Nacher haben wir sehr fest geplärrt und er auch, indem daß er so dumm war. Nacher sind 3 Hunde erschienen, wo ein Gewand angezogen haben, daß sie besser tanzen können.

Schließlich hat der Zauberer ein Schwert hinunter geschluckt, und plötzlich wieder heraufgeschbieben. Indem daß es nicht sehr nahrhaft ist, hat er gesagt. Und wie der Löwe gekommen ist, da hat meine Oma gleich den Rosenkranz hinum gewikelt, aber ich nicht.

Nacher ist ein sehr schönes Freulein daher geritten, wo aber den Rock sehr fest abgeschnitten hatte. Sie ist auf eine Schnur hinauf gestiegen, und mit dem Regenschirm spazieren geloffen, wo aber überhaupt nicht geregnet hat. Dieses heißt man Seiltänzerin. Plötzlich ist ein Aff mit einer Schüssel gekommen, wo lauter Fünferl drin Platz gehabt haben. Nacher sind wir heimgekommen und haben sehr fest geklatscht.

Von den Berufen

Der liebe Gott hat sehr viele Berufe wachsen lassen. – Der Landwirt muß füttern und ausmisten. Sonst haben die anderen, die wo nix tun, kein tägliches Brot nicht. – Der Kaminkehrer schaugt in die rußigen Löcher hinein, ob wir viel geselchtes aufgehängt haben.

Die Nahterin muß sehr froh sein, daß wir unsere Hosen zreißen, indem daß sie sonst stempeln muß. – Der Postbot tragt die Briefe hin und her, weil er sonst keine Briefmarken nicht verkaufen kann. – Der Schandarm muß fest aufpassen, daß die anderen nicht fischen, und daß die Schnauferl die Straßenbäume in Ruhe lassen. Weils nämlich sehr teuer sind.

Der Herr Lehrer hat das Lesen und Schreiben erfunden, daß wir es auch lernen können. Und wann wir dieses können, nacher kriegt er eine lebenslängliche Pension, bloß die Landwirte nicht. – Der Herr Pfarrer weicht die Eier, und verzeiht uns die Nussen und die Christbäume, wo wir abgezupft haben. – Es gibt noch ein paar andere Berufe. Aber die haben keinen Platz nimmer.

Der Kaminkehrer

Der Herr Hupflinger heißt auch Kaminkehrer. Weil er nämlich immer voll Ruß ist. Aber dieses muß so sein, indem daß der Dreck sein Beruf ist. Jeder Mensch hat einen Kamin, weil er einfach dazu gehört. – Und die Mutter schimpft jedesmal, weil er für seinen Dreck auch noch was verlangt. Aber dieser grinst bloß recht hinterkünftig.

Der Kaminkehrer kann nicht einmal Grüß Gott sagen weil er lauter Eier unter dem Kopf drin hat. Er hat auch immer eine Hand voll Ruß dabei, weil er die Kinder anstreicht, die was ihm derblecken. Aber mich derwischt er nicht, weil ich bloß von ganz weit weg pläre.

Er hat daheim ein sehr schwarzes Bett. Aber die Frau Kaminkehrer hat ein weißes. Weil sie nicht hinauf steigt, sondern bloß er.

Beim Bader

Wir besitzen einen Bader, der was auch noch ein Beamter ist, nämlich ein Fleischbeschauer und Totengraber.

Wann bei uns hinter dem Gnack ein fester Pelz hingewachsen ist, nacher trifft der Bader. Dieser zwickt mit einer Maschine alles weg. – Manchmal bleiben die Haare in der Maschine drin so lange hängen, bis daß das Wasser in die Augen hinein rinnt. – Schließlich blast er ein Parfüm in die Federn hinein, daß man sehr fein schmeckt.

Manche Mannerleut haben einen greislichen Bart um das Mäul herum. Nacher besuchen sie am Samstag den Bader. – Bloß die Weiberleut nicht, weils ihnen schamen. – Zerscht wird ein Schlagrahm ins Antlitz hinein gestrichen. Nacher wird grasiert. Und am Schluß kommt ein großes Heftpflaster neben das Ohrwaschel.

Die Landwirtschaft

Das ist ein Verein, der was sehr wichtig ist, indem daß wir aus christlicher Nächstenliebe alle ernähren, die wo nix arbeiten mögen. – Die Landwirtschaft hat folgende Einwohner: den Bauer, die Bäuerin, die Dirn und den Knecht.

Der Bauer kann nur da etwas machen, wo kein Schnee nicht liegt. Daher bittet er den lieben Gott um eine Sonne. – Im Winter holt er im Walde draus ein Holz. Und daheim muß er nacher ein Kleines machen. – Die Bäuerin muß die Hener greifen und einen Butter ausrühren.

Die Landwirtschaft ist sehr gesund, weil die Landwirte ihr ganzes Geschäft in der freien Natur besorgen können. – Die Studierten aber brauchen dazu ein Büro. – Die Knechte müssen die Pferde füttern, und die Mägde melken.

Der Rotlauf ist für das Schwein eine sehr teuere Krankheit. Indem daß der Tierarzt das Fleisch nicht mehr mag, aber das Geld schon. – Drum gibt der Landwirt das Fleisch dem Postbot und dem Herrn Lehrer. Aber dem Herrn Pfarrer nicht, weil man es sonst beichten muß.

Das Fahrrad

Ein Rad ist aus Blech und Eisen und Gummel zusammen genagelt. Manchmal ist auch eine Glocke hingebunden. – Wenn man in den Gummel nicht sehr fest hinein blast, nacher besitzt er einen Plattfuß. Manche Leute sehen sehr schlecht. Drum haben sie vorne und hint ein Licht, daß sie nicht verkehrt aufsteigen. – Für die ganz alten Leute gibt es eigens noch eine Bremse.

Neulich war ein starker Unfall auf der Straße. Weil nämlich ein leichtsinniger Radfahrer sein Hinterteil nicht beleuchtet hatte. Dabei wurde das Vorderrad fürchterlich verbogen. Und am hintern ging plötzlich die Luft aus. – Er wurde ins Spital getragen und starb nach einem langweiligen Krankenlager.

Es ist streng verboten, mit einer Versicherungsnadel in ein fremdes Radl hinein zu stechen. Indem daß es nacher plötzlich pfeift. Und weil man dann sehr schnell davon sausen muß.

Rotkäppchen

Bei der Oma hat einmal ein Namenstag stattgefunden. Da ist das Rotkäppchen hingeschickt worden und auch eine Weinflasche, indem daß sich dieses einfach gehört. – Nacher kam der böse Holzfuchs und sagte: Reiß noch einen Arm voll Namenstagsblumen aus, indem daß sich dieses auch gehört.

Das Fräulein brockt und brockt, und der Holzfuchs rennt und rennt, bis zu der Oma hin. Plötzlich rumpelt er einfach auf die Dame hin und verschluckt sie mit Haut und Haar. – Zum Schluß verschluckt er auch noch das Rotkäppchen mit der Weinflasche.

Dann schnarcht er im Bett drin so laut, bis daß der Jägersmann mit dem Schießgewehr kommt. Derselbige schneidet ein großes Loch in seinen Bauch hinein, daß die Oma leichter heraus hupfen kann. Und die andere auch. – Schließlich kommt die Weinflasche dran, bis daß nichts mehr drin ist.

Hansel und Gretel

Ein Hansel hat sich im Holz hint verloffen und eine Gretel auch. Aber dann haben sie ein Hexenhäusel erfunden, mit lauter Schokolat und Lebkuchen. Da haben sie einfach eine Rippe herunter gesuzelt.

Da hat die Hex gesagt: Wer suzelt mein Hexenhäusel zamm? – Und der Hansel hat gesagt: Mir sinds! Nacher hat die Hex gesagt: Gehts herein zu mir, weil ich einen sehr schönen Gänsstall besize. Dann hats den Hansel eingespirrt, aber das Fräulein nicht.

Da sagt die Hex zum Hansel: Zeig mir deinen Finger. Aber der Hansel zeigt blos ein Steckerl und grinst recht frech, bis daß die Hex sagt: Jezt mag ich nimmer, indem daß dieser Fratz überhaupt nicht fett wird, – Drum hats zum Namenstag den großen Ofen eingeheizt, zwegen dem Hanselbraten.

Aber plezlich hat die Gretel die ganze Hex beim Hax gebakt und einfach in den Ofen hineingeschoben, bis daß sie dodahl verbrunnen ist, mit Haut und Har. Da hat der Hansel Juhu gesagt und die ganzen Lebkuchen verspeist. Und alle sind sehr froh und gesund gewesen.

Die 7 Geißlein

Es gab einmal 7 Geißlein und eine Mutter, wo das Gras holte. Und wie der Wolf gekommen ist, da sind die Geißlein hinter das Bett und hinter den Stuhl und hinter den Wecker. Aber der Wolf hat alle derwischt, bloß nicht im Wecker drin. Schließlich hat er geschnarcht, vor lauter Geißlein.

Dann ist die Mutter heimgereist. Aber die Kindlein haben keinen Hunger nimmer gehabt, bloß noch im Wecker drin ein bisserl. – Dann hat das Geißlein erzählt, daß ein Besuch da ist, wo sehr fest schnarcht.

Da hat die Alte einfach den Bauch so lange aufgeschnitten, bis daß alle Geißlein heraus gerumpelt sind. Dann habens Ziegelsteine in den Wolf hinein genäht, wo er seinen Bauch hat. Drum ist der Wolf in den tiefen Brunnen hinein marschiert und hin gewesen. Dieses waren die 7 Geißlein.

Der Froschkönig

Im Garten drin war eine Königstochter und ein goldener Fußball, wo sie so lange drauf gehaut hat, bis daß er in den Brunnen hinunter gesaust ist. Da kam ein Froschkönig und holte ihn. Und die Tochter ist sehr schnell damit heimgeloffen.

Aber der Frosch ist auch in das Schloß hinein geschlichen und hat gesagt, du mußt mit mir spielen. Da hat sich die Tochter fürchterlich gegen den Frosch gegraust. – Auf einmal hat sie seinen Hax gepackt und an die Wänd hingeschmissen. Und an der Wänd hat ein ziemlich nasser Fleck stattgefunden.

Aber wie der Frosch heruntergeflogen ist, da hat er sich plötzlich in einen Königssohn hinum gezaubert. Indem daß er dann viel besser mit der Königstochter spielen kann. Und am Schluß ist er auch noch geheiratet worden.

Dornröschen

Der König hatte ein schönes Mädchen, wo sehr neugierig war. Drum fand sie im Turm drin eine alte Hex mit einem Spinnradl. Da hats gesagt, ich möcht auch spinnen. Aber vor lauter Spinnerei ist sie kasweiß geworden und eingeschlafen.

Und alle andern haben auch geschnarcht: Der König und die Königin, der Knecht und die Dirn, der Hund und die Katz, und haben 10 Jahre lang geschnarcht, und die Henner auch. Nacher hat sich die Rosenhecke hinumgewickelt, bis daß man überhaupt keine Burg nimmer gesehen hat.

Da ist auf einmal ein Sohn daher gesaust, wo ein Königssohn war. Dieser hat die ganze Hecke über den Haufen geschnitten, bis daß er die neugierige Tochter derwischt hat. Nacher sind sie sofort zum Herrn Pfarrer gegangen, und geheiratet.

Aschenputtel

Der Königssohn hat auf der Tanzmusik bloß mit dem Aschenputtel getanzt, und mit den 2 anderen Töchtern überhaupt nicht. Aber auf einmal ist sie davongerumpelt, und hat bloß noch einen Schuh dorten gelassen.

Da hat der Königssohn denselbigen gefunden und ist mit dem Pantoffel im Lande hin und her gereist. Dabei hat er immer geschrien: Wer paßt in diesen Pantoffel hinein? – Da haben sich die 2 ersten Töchter einfach die Zehen abgezwickt, daß sie leichter hinein passen.

Aber der König hat gesagt: Ich möchte eine mit 5 Zehen. Schließlich ist auch das Aschenputtel daher marschiert. Und der König hat gesagt: Da geh her, obst du hinein paßt! Nacher hat er gesagt: Hast du 5 Zehen? Da hat sie ja gesagt. Und vor lauter Freud hat sie den König geheiratet.

Die Stadtmusikanten

Es gab einmal 4 Vicher. Das war ein alter Esel, wo schon sehr grau war. Und ein alter Hundsdackel, wo schon sehr faul war. Und eine alte Mietzekatz, wo keine Mäuse nicht mehr fangen mag, sondern bloß noch lauter Würschte. Und auch ein Gickerl, wo in der Früh die Hener nicht mehr aufweckt.

Drum hat der Bauer das lange Messer gewetzt, daß er alle 4 abstechen kann. – Aber auf 1, 2, 3 sind alle davon gerumpelt, und in das Holz hinaus. Nacher haben sie sehr schön gesungen, bis daß sie ein Haus gefunden haben. Da sind lauter Seeräuber drin gewesen mit Speis und Trank.

Plötzlich sind sie fürchterlich schnell ins Fenster hinein gehupft, und haben so fest geplärt, daß die Räuber auf und davon sind. Aber Speis und Trank nicht. Wo sie radebutz aufgefressen haben, bis daß ihnen der Bauch weh getan hat.

Igel und Hase

Einmal ging der Igel mit dem Hasen spatziern. Da haben sie um eine Schnabsflasche gewettet, wer am besten laufen kann. Nacher hat der schlaue Igel seine Gemahlin geholt, und drunten ans Eck hingestellt. Aber der dumme Hase nicht, indem daß er keine Gemahlin nicht hatte. Deswegen ist er allein geloffen, und hat dem Igel seine Schlauheit überhaubt nicht gespannt.

Das 1. Mal hat der Herr Igel geschrien: Ich bin schon da!, und das 2. Mal die Frau Igel. – Aber der dumme Hase hats immer noch nicht gespannt, bis daß er 85 mal geloffen ist. – Dann hat er es schon gespannt. Aber leuder Gottes zu spät. Indem daß er gleich darauf ausgerutscht ist, und auf die Nase hingeflogen und hin gewesen. – Zur Strafe mußte er die Schnabsflasche zahlen. Und die 2 anderen haben aus lauter Freude einen Rausch erhalten.

Die 7 Schwaben

Die 7 Schwaben sind mit dem langen Spieß ins Holz hinaus geloffen, wo ein gräßlicher Drache wohnte. Einer, wo sich Spiegelschwab heißt, hat den Spieß ganz vorn gepackt. Weil er nämlich immer sein Nasentröpferl über die Joppe hinum gewischt hat. Und ganz hinten hat sich der Gelbfüßler befunden, wo immer die Eier einstampfen muß, bal der König einen Wagen voll braucht. Bis ihm der ganze Batz an die Wadel hingepickt ist.

Auf einmal hat im Holz drausen der Osterhas ein Mandl gemacht. Weil nämlich die 7 Schwaben eine schreckliche Angst empfangen haben. – Einer ist ganz blaß geworden. Und einer ist ganz naß geworden. Und einer hat mit dem Herz so fest gepumpert, daß der Osterhas gelust hat.

Und dem Blitzschwab haben die Knie so fest gewackelt, daß der ganze Spieß gescheppert hat. – Da ist das Häslein auf und davon. Und die 7 Schwaben auch, und sind sehr froh gewesen.

Die Entdeckung Amerikas

Zu jener Zeit war Amerika noch nicht erfunden. Da sagt der Kolumbus: Dieses ist eine Schande, weil da drenten alle armen Heidenkinder radebutz verdammt werden. Da hat ihm die Königin 3 Schiffe gegeben und einen Segen.

Nacher fuhr der Kolumbus auf dem tiefen Wasser hin und her. Er stieg auf den Kamin hinauf und schaute mit dem Ferngucker immer hinum. Er betete fest zum heiligen Antonius, der wo immer hilft, wann einer nix findet.

Plötzlich schrie er fürchterlich: Juhu, ich habs gefunden! Und mit einem Rutscher war er vom Kamin herunt. Nacher ist er ausgestiegen, und hat so lange gepfiffen, bis daß die Amerikaner dahergesaust sind. – Diese haben gesagt: Gott sei Dank. Jetzt wissen wir endlich, wer uns die Kartoffeln abkauft und den Kaugummel.

Amerika

In Amerika ist es sehr schön. Da gibt es lauter Kauboi und Gangster. Aber die Kauboi können viel besser schießen, weils gleich 2 Bistolen haben und einen großen Hut und auch ein Lasso. Und wanns einen Gangster derwischt haben, kriegt er plötzlich einen schrecklichen Kinhaken, daß er gleich Zanweh erhält.

Da schreien wir gleich Bravo und hubfen auf die Bänke hinauf. – Einmal hab ich dem Sixten Hans aus Gschbaß einen solchernen Kinhaken gegeben. Aber dieser hat mich plötzlich über die ganze Stiege hinunter gekeit, weil er keinen Gschbaß nicht versteht, aber ich schon. Und ich hab einen ganz hitzigen Binkel auf dem Gehirn erhalten.

In Amerika gibt es lauter sehr schöne Freulein, wo ich schon alle kenne, weil ich oft im Kino bin, und wo von einem Gangster geraubt werden. Aber die Kauboi derwischen ihn schon wieder, und das Freulein ist sehr froh. Wenn ich groß bin, werde ich auch ein Kauboi, daß die Freulein nicht von die Gangster geraubt werden.

Adam und Eva

Nach einer Woche hat der liebe Gott die ganze Welt gemacht. Dann gab es Sommer und Winter, Salat und ein Korn, Affen und Schimpansen, Nussen und Elefanten, und alle anderen Viecher. – Aber er hat gesehen, daß diese Viecher und Affen sehr dumm sind. Drum hat er gesagt: Ich will einen gescheiten, der wo ausschaugt, als wie ein Mensch.

Nacher hat er ein großes Mandl aus Lehm gebatzt, mit Bauch und Füße und Arm und auch Kopf. – Schließlich hat er ihn mit einer unsterblichen Seele aufgeblasen. Und hat ihm zum Namenstag die ganze Welt geschenkt. – Aber der Adam ist sehr traurig gewesen, indem daß ihm keiner seine Schwammerl gekocht hat. Und auch, weil er immer allein spazieren gehen muß.

Drum hat der liebe Gott gesagt: Geh her, du sollst auch was haben, und ist sehr fest eingeschlafen. Dann hat er ihm plötzlich eine Rippe herausgezwickt. – Nacher hat er eine Eva gemacht, wo zum Adam paßt. – Und der Adam hat sich sehr gefreut, daß er jetzt seine Schuhe nimmer selber putzen muß.

Im Paradies

Das Paradies war gut und schön, und der Adam und die Eva auch. Und alle Tiere waren sehr brav. Die Hunde haben nicht gebissen und die Katzen nicht gekrailt. Die Wepsen haben nicht gezwickt, und der Löwe hat das Mäul nicht zugeschnappt, bals ihm hinein gelangt haben.

Die Disteln haben nicht gestochen und die Brennesseln nicht gebrunnen. – Wanns geschnieben hat, nacher ist es nicht kalt gewesen. Und wanns geregnet hat, so sinds nicht naß geworden. – Wanns Nussen gestohlen haben, so habens keine Tatzen nicht empfangen. Die Würst sind viel länger gewesen und der Leberkas viel dicker. Die Zähne haben nicht weh getan, und sie haben sich niemals waschen brauchen.

Sie haben überhaupt keine Suppe nicht essen müssen. Und wanns ein Eis gespeist haben, so habens nicht Bauchweh erhalten. – Sie sind auch nicht in die Schul gegangen, und haben kein Einmaleins nicht lernen brauchen. – Sie haben nur immer gespeist und getrunken und gebetet. – So schön und gut war das Paradies.

Der Sündenfall

Adam und Eva liefen ohne Federn und Hemerd im Paradis umeinander, und spielten Fangermandl. Bloß ein Feigenblattl hams gehabt. Auf einmal erblickte die Eva auf dem Baum eine sehr schlaue Schlange und einen schönen Abfel. Sie kraxelte sehr geschwind hinauf.

Aber der Adam ruft: Ich beiß nicht hinein, weil er uns nicht gehört. Laß ihm droben, sonst schimpft der liebe Gott. Aber die Eva hubfte mit der sündigen Frucht herunter, und der Adam mußte hineinbeißen. Und die Schlange grinste fürchterlich.

Dann kam der liebe Gott, und die 2 Menschen duckten sich geschwind hinter eine Hollerstauern, weil sie das Feigenblattl verloren haben. – Und er schrie: Schaugts, daß aus dem Paradis hinaus kemmts, ihr Haderlumpen. Und steigts im Schweuße eueres Angesichtes in die Dornen und Disteln hinein.

Da weinten sie sehr, und am näxten Tag habens der Hebam telefonirt. Und die Schlange grinste fürchterlich.

Kain und Abel

Kain und Abel waren 2 Söhne. Sie machten für den lieben Gott ein Opfer. Der Kain heizte seinen Ofen mit Korn und Heu. Aber der Abel mit einem Osterlämmlein. – Dem Abel sein Dampf stieg pfeilgerade in den Himmel hinauf. Aber dem Kain der seinige rauchte in die Hölle hinunter.

Drum wurde der Kain sehr grantig. Er nahm plötzlich eine Zaunlatte, und ließ sie auf dem Abel sein Haupt hinauf fallen, bis daß derselbige hin war. Nacher ging er auf die Reise und schaute recht frech drein.

Aber der liebe Gott hat zu ihm gesagt: Wo ist nacher dein Abel, hat er gesagt. – Da sagte der Kain: Dieser geht mich überhaupt nix an. – Dann sagte der liebe Gott: Lüg mich nicht an, sonst passiert was! – Da lief der Kain sehr schnell davon, daß ihn die Leute nicht mehr sehen konnten. – Und das böse Gewissen hat ihn fürchterlich gezwickt.

Die Arche

Der liebe Gott sprach zum heiligen Noe: Du mußt dir ein Mordstrumm Dampfschiff machen, weils nacher regnet. – Da machte der Noe eins und fing sich lauter Viecher.

2 Katzen, wo die Mäuse fangen müssen. 2 Hunde, indem daß sonst der Bandwurm ausstirbt. 2 Gickerl, weil einer allein nicht so gut raufen kann. 2 Hener, daß der Osterhas seine Eier kriegt. 2 Kühe, daß der Milchschokolat nicht ausgeht. 2 Ochsen, daß der schöne Name nicht vergessen wird.

2 Schweine, weils sonst auf Fasching keine Saubladern nicht gibt. 2 Affen, daß die Menschen immer dran denken. 2 Frösche, weil man sonst nix zum Prellen hat. Und 2 Spatzen, daß die Körndel im Mist nicht verloren gehen. – Wanns der heilige Noe nicht gerettet hätte, nacher wäre überhaupt keiner mehr auf der Welt da. Bloß noch er.

Sodoma und Gomorra

Es war einmal eine Stadt, wo Sodoma und Gomora hieß. Aber diese Stadt ist sehr böse gewesen und paßte auf den lieben Gott nicht auf. – Am Sonntag sinds nicht in die Kirch gegangen und auch nicht in die Maiandacht. Und was sie gefunden haben, dieses haben sie gleich gestohlen und nicht einmal gebeichtet.

Beim Flurumgang ist überhaupt keiner nicht mitgegangen. Und immer haben sie geflucht und alle Tag einen Rausch gehabt. – Auch haben sie kein Morgen und Abendgebet nicht getan. – Und wanns das Maul aufgemacht haben, so habens sofort gelogen. – Auf Ostern haben sie niemals gebeichtet und komuniziert. Und am Freitag habens einen Haufen Würscht und Leberkas gespeist.

Drum hat der liebe Gott ein sehr giftiges Wetter geschickt, mit Donner und Blitz, Hagel, Pech und Schwefel. Bis daß die ganze Stadt radebutz verbrunnen ist. – Und wer nacher fortlaufen wollte, derselbige ist einfach im Pech drin picken geblieben, und auch verbrunnen. Bis daß er total kaput war, vor lauter Zorn Gottes. – So passierts alle, wo sehr bös sind.

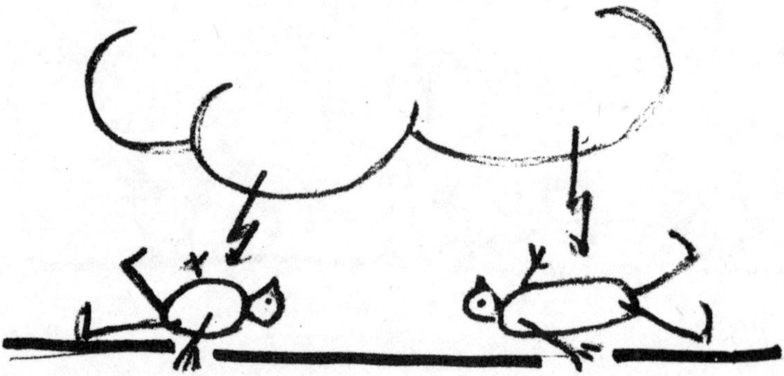

Jonas

Der Jonas war ein Profet. Er wohnte in der Wüste und verspeiste lauter Heuhupfer, wo er in den Honig hinein getaucht hat. – Da sagte der liebe Gott zu ihm: Du mußt nach Ninive, wo eine sehr böse Stadt ist. Dort mußt du so lange predigen, bis daß die Stadt wieder brav ist.

Aber dem Jonas paßte dieses nicht. Drum schlich er in ein Schiff hinein, weil er dem lieben Gott durchbrennen wollte. – Aber die Matrosen keiten den Jonas ins Wasser, wo er plötzlich von einem Heufisch verschluckt wurde.

Aber der Profet hat dem Fisch nicht sehr gut geschmeckt. Drum hat er den Jonas gleich wieder in die Luft gespieben. Er legte sich in die Sonne hinein, bis daß seine Lederhose wieder trocken war. Nacher ging er nach Ninive und schimpfte die böse Stadt.

Esau und Jakob

Isak und Rebeka waren zwei heilige Eltern mit zwei Buben. Der Esau war haarig und der Vater war blind. Da hat der Vater zum Esau gesagt: Schau, daß du einen Rehbock derwischt. Diesen wollen wir speisen. Dann kriegst du meinen Segen und auch den ganzen Hof.

Aber die Mutter hat zum Jakob gesagt: Geh her, nacher schmieren wir die 2 anderen aus. Stich einen Geißbock ab und häng dir den Pelz um. Dann meint der Vater, daß du der haarige Esau bist.

Plötzlich sagte der scheinheilige Jakob zum blinden Vater: Lieber Papa, ich bin dein braver, haariger Esau und hab dir einen Rehbock gebrungen. Der Vater betastete den Pelz und verschluckte den Geißbock. Nacher sprach er: Weilst du mein haariger Esau bist, drum kriegst du meinen Segen und den ganzen Hof. Aber der Jakob nichts, wo sehr scheinheilig ist.

So wurde der Esau ausgeschmoren, weil er so dumm war und der Vater so blind.

Briffwexel
Wiggerl–Schorschi

Liber Schorschi

Vileicht weist du gar nimmer, das du mir verschbrochen hast, das du mir schreibst. Aber weilst du mich so fest angelogen hast, drum schreib ich dir. Wo es nemlich jetzt in der Schul ganz pfundig zugeht, indem das der Lerer gedrazt wird.

Weil der Alis einen Schbiznam aufgebrungen hat fir ihm. Indem das er Mordstrümer Hände hat, drum heist er einfach der Brazen Sep. Und der Hansi hat ein Gemelde in den Abort hinein gezeichnet, mit ein Schnauzbart und ein Dazenstekerl. Wo dabei steht, dises ist der Brazen Sep. – Aber die Hubferl Mari hats gleich angezeigt, das ein Gemelde für ihm draus ist. Aber nach der Schul haben wir die Mari fürchderlich gewatscht, von wegen hundsgemeune Ratsche.

Kannst dir denken, wie der Her Lerer geschimbft hat, indem das dieses lauter Zuchtheisler werden, wo die Obrigeit ferschbotten, hat er gesagt. Und der Simerl von der erschten Bank hat imer ein Schneizdüchel über das Antlüz hinum wischen müsen, von wegen feuchte Ausschbrache. Nacher haben 2 Buben hinaus müsen, und das schene Bild weg radieren müsen.

Aber jezt hat der Hansi ein neues Gemelde hingetan, und einen sehr samftmütigen Namen drunter geschriben, nämlich Hände Josef. Jezt kan er schon zufriden sein, was meinst?

Es grist dich dein alter Freund Wiggerl

Liber Wiggerl

Nicht, das du meinst, das es bloß bei euch so pfundig zugeht, sondern auch bei uns. Aber dieses war eine Gemeinheid fom Lerer, wo mir eine firchterliche Wadsche gespendet hat, indem das ich ihm etwas ser Gutes getan hab. Weil nämlich der Schinagl Alis in seinen Bolsterstul 2 ser spitzige Nadeln hinein gesteckt hat. Wo er sich dodahl hinein gestessen hätte, bal er sich drauf gesetzt hätte. Und das ihm nix pasiert ist, drum hab ich plözlich den Stul weg gezogen. Sonst wäre es pasiert.

Aber kaum hab ich ihm geretet, nacher hat es einen Bumser getan, und der Herr Lerer hat sich ser schnel auf den Boden hin gehokt. Dan ist er mit einer firchterlichen Wut aufgesprungen, und hat mir eine solcherne gebazt, das ich gleich den Stul hingebelzt hab. – Und wie ich ihm die Sache erklärt hab, da hat er geschrien: Halts Maul, hat er geblärt. Das weitere werden wir schon noch sehen.

Aber dieses verspreche ich dir, liber Freund, das ich ihm das nexte mal nicht mehr rete, wann ihm der Alis wieder eine Nadel hineinstekt. Weil dieses eine Gemeinheid ist. Wo bleubt die Dankbarkeid, frag ich dich. Auf mich braucht der Lerer nimmer rechnen. Auch nicht, wann ihm die Indiahner an den Marterbfal hin binden.

Stat das er mir im rechnen eine besere Note gibt, bazt er mir eine solcherne. – Dieses schreib ich vor lauter Wut und grisse dich auf widersehen.

dein Freund Schorschi

Liber Schorschi

Jezt haben wir einen neuen herin, wost du aber nicht kenst. Und weil ihm der Schulherlerer nicht mag, drum hat er ihm durchgeschmisen. Und drum hat der Wastl den Lerer fürchterlich auf der Latten. Und der Wastl hat mir neilich verzählt, wann er eimal aus der Schul draus is, nacher kan er sich gefreien, bal er ihm bei der Nacht derwischt! – Weist du, der Wastl ist ein ganz ein gefärlicher!

Neulich bin ich mit ihm auf der Straß schbazieren gegangen, indem daß er eine Radlgloke besizt. Da sind wir ganz leuse hinter die Leute hergeschlichen, und ser blezlich mit der Radlgloke gelitten. Dises hat firchterlich geschepert, so das die alten Weuber ser schnel auf die Seite gehubft sind, fon wegen Ferkers Unfal. Und die Wukerl Froni, wo auf der Nase ein groses Wimerl hat, wost du aber nicht kenst, diese ist gleuch über den Haufen geflogen, for lauter Geschwindikeit und Angsd. Aber derwischt hats uns nicht. Weil ich so fest sausen kan und der Wastl auch.

Aber bal der Wastl eimal aus der Schul draus ist, nacher kan sich der Lerer gefreien. Indem das ihm der Wastl firchterlich auf der Latten hat, bedräf Durchfahl. Der Wastl ist nemlich ein ganz ein gefärlicher. – Und wanst mir wider was schreibst, nacher schreibst mir was Gscheits.

Fon deinen Freund und Spezi Wiggerl

Lieber Wiggerl

Am lezten Freutag, da hat der Jagob eine ganz derfeilte Domate mitgebrungen. Und wie der Schulherlerer grad nicht hingeschaugt hat, da hat er sie plözlich an die Wänd hingeblizt, als wie eine Rakede. Daß gleich der ganze Baz umeinander gehubft ist.

Nacher hat unser Oberhaubt gesagt: Wer war das. Aber ale haben fest im Heft drin geschrüben, und nix gesagt. Nacher hat er gesagt: wans keiner nicht weis, nacher missen alle eine Stunde dableiben. Aber keiner hat nix gesagt. Nacher haben wir ale dableiben misen. Und er ist um einander geschlichen, als wie ein brillender Löbe. Und wan sich einer gerihrt hat, nacher hat er gleuch das Dazenstekerl hinum gelasen. Und zu der Blasl Zenzi habens wir alle soo hinum gemacht, daß sie uns ja nicht aufbringt. Nacher hat sie auch nix gesagt.

Aber da hat der Schinagl Wagg bläzlich ser fest gelacht, daß ihm gleuch was von der Nase ins Heft hineun gehubft ist. Und der Lerer ist ser schnel hingeschbrungen und hat ihm 2 feste Dazen herunter gehaut. Aber dan ist auf eimal das Stekerl aus einander geflogen, und das anderne Trum ist als wie ein Heihubfer durch die Luft hinüber gesaust, und der Zenzi direkt auf den Busen hin geflogen. Wo gleich geweint hat.

Nacher hat das Oberhaubt gesagt: Dut dir was weh. Aber die Zenzi hat das Haubt gebeuteld, indem das ihr nix basiert ist. – Liber Wiggerl, ich weus schon, wer in das Stekerl ein Ringl hinein gemacht hat, mit ein ganz scharfen Meser. Aber ich sags nicht, und grisse dich aus Schnizlreit, von deinen alten Freind

Schorschi

Liber Schorschi

Heute mus ich dir eine ser traugige Sache schreuben. Der Onkel Bebbi hat mir verschbrochen, das wir im Ogtoberfest ins Kaschberlteader gehen.. Aber zerscht hat er gesagt, das er eine Mas Bier tringen mus, weil er sunst umfahlt for lauter Durscht. Drum sind wir in den Schotenhamel gegangen, wost du aber nicht kenst, indem es dort ser viel Bier gibt und auch eine Musi, wo blast.

Blözlich hat die Kelnerin eine Mas gebrungen, wo der Onkel Bebbi so oft gedrunken hat, das sein ganzer Schnauzbart gedrobft hat. Ich hab auch 2 mal getrunken, indem das der Onkel gesagt hat, das im Schotenhamel das Himbersbringerl ser streng ferboten ist.

Aber auf eimal hat das Weibsbild eine neue Mas gebrungen. Da hab ich schnel gefragt, ob wir jezt gehen. Da hat der Onkel gesagt, das er das Bier nicht einfach stehen lasen kan, wo so teier ist. Und wie die Musig geblasen hat, da ist der Onkel auf den Tisch hinaufgehubft und hat mit dem Maskrug ser laut gesungen. Und alle Leute auch, aber ich nicht. – Und wie ich noch eimal gefragt hab, da hat er gesagt, das ich im Schotenhamel rumschaugen soll, indem das dieses lauter Kaschberlköpf sind, und noch viel schener, als wie im Teater.

Beim 3. Maskrug hat er gesagt, Trink, das du groß werst, nacher gehen wir. Und ich hab gemeint, ins Kaschberl Teater. Aber wie wir gegangen sind, ist er gleich über die Benk hinum gefahlen und fürchterlich geflucht, weil die Leute nicht beser aufbasen, hat er geschrühen. Und wie wir drausen gewesen sind, hat er ein Auto gebfiffen, wo wir hineingestiegen sind und heimgefaren.

Und da hat er gesagt, das wir das nextemal ins Kaschberl Teater gehen. Aber ich bfeif drauf, weil ich nicht mehr in den Schotenhamel hineingehe.

Herzliche Grüse fon dein Freund Wiggerl

Liber Wiggerl

Einen Schotenhamel gibt es bei uns in Schnizlreit nicht, aber ganz echte Maikefer. Drum hat ein jeder gleich einen ganzen Hosensag fol mitgebrungen, wo wir alle unter der Benk ausgelasen haben. Bei der Blasl Zenzi ist einer gleich ins Knack hinein gegrabelt, das sie for lauter Schreker gleich fon der Benk herausgefahlen ist. Da ist der Her Lerer ser giftig geworden, und hat gesagt, das wir ale Maikefer fangen misen, sonst basiert was, hat er gesagt.

Da hat der Strizl Wagg die Zenzi unter der Benk gleich so fest in die Wadel gezwigt, das sie wie ein Kaibel geblärt hat. Aber der Wagg hat gesagt, das er blos einen Maikefer gebakt hat.

Liber Wiggerl, Dieses ist ser schad, das du nimer bei uns bist. Heut hab ich auf dem Aker eine Maus derwischt, wo ich schon in meiner Grifelschachtel drin hab. Ich freuhe mich ganz narisch, wann ich dieses Viech morgen in der Räligionz Schdund in die Freuheit hinaus lase. Vileicht grabelts ihm unter die Hose hinauf. – Aber nacher!

Dieses mus ich dir schreuben, das du auch eine Freude hast. Und wannst du in die Ferihen komst, nacher gehen wir zum fischen. Ich hab dem Grosvater eine ganz bfundige Angelgart abgekauft. Aber er weus noch nix davon. Nimm gleuch einen Hosensag fohl Wirmer mit, indem das es heuer bei uns so wenig gibt. Neulich hab ich ein ganz bfundiges Roteigerl derwischt, wo ich selber gebraten hab, weil sich die Muter so viel gegraust hat.

Drum grise ich dich mit der ganzen finbften Klas fon Schnizlreit, und fergis die Wirmer ja nicht.

dein Schorschi

Liber Schorschi

Am lezten Samstag hab ich fom Grosvater eine pfundige Dawax Pfeufe zu leuhen genomen. Wo der Wastl sofort gesagt hat, daß wir diese ser notwendig braugen kenen. Indem das wir schon eine ganze Schachdel fohl Stumben gefunden haben. Aber ich hab dem Wastl gleuch gesagt, das er auch noch Zindhelzel finden mus.

Nacher sind wir schnel in Dekung gegangen hinter ein grosen Baum. Aber dem Wastl seine Zügaren Stumben sind so firchderlich rass, das mir gleich das schwizen ausgekomen ist. – Nacher hat der Wastl plezlich gesagt, das er was nachschaugen mus. Und er ist eine Virtelstunde ausgeblüben. Und wie er wider gekomen ist, da hat er überhaubs nix gesagt, indem das ihm die ganze Farb abgeschosen ist. Nacher hat er die andern Stumben mir geschenkt.

Liber Schorschi, hast du noch keune Dawax Pfeuff nicht? Kauf mir die meunige ab, indem das sie nur 3 Fischangeln und ein Daschenmäser kost. Wost du niemalz so billig krigst, blos fon mir, weil ich dein Freind bin, verstehst. Ich gefreie mich, wanst du komst, nacher rauchen wir im Holz draus. Ich habe noch einen ganzen Hosensag fohl Stumben, indem ich dein liber Freund bin, wo sich schreubt

Wiggerl

Liber Wiggerl

Deine Dawax Pfeuf kauf ich dir schon ab, weil ich diese ganz notwendig brauche. Aber heute mus ich dir ein neues Stükl ferzälen, indem das wir einen Hund derwischt haben, wo sich Buzi schreubt, wost du aber noch nicht kenst. Nacher haben wir ein ganz ein altes Nachthaferl an seinen Schwanz hingezwükt. Und der Buzi ist gleuch im Dorf 6 mal hin und her gerumbelt, for lauter Freude, bedräf Blechmusig. Und die Leute haben ale geschrühen, das dieser Hund narisch geworden ist.

Und noch was mus ich dir ferzälen, wo schier beinahe fast schif hinaus gegangen währe. Indem das wir mit einer Karbüdflasche gefischt haben. Wo nemlich bei der Heubruck ein Rohr durch das Waser hindurchgeht.. Und grad da drin sind die alerschensten Karbfen. – Und wie wir nacher die Karbüdflasche hineingelasen haben, da hats blezlich firchterlich geschebert, bedräf Mordskrach. Und nacher ist das Rohr dodahl kabut gewesen. Und wir sind ser geschwind dafon und zum Teifel.

Und am nexten Tag, da ist die Bolizeu in der Schul gewesen, und hat ale Buben ser fest ausgefragt. Aber der Alis hat einfach gar nix gewist. Und ich überhaubs nix. Aber in der Zeidung steht drin, das ganz freche Bubenhende ein Unglück angerichtet haben, und das 800 Marg Schaden statgefunden haben. – Aber wann der Bürgermeister keine so schlechten Rohre nicht hinein getan hätte, nacher währe gar nix basiert. – Aber das du ja dein Mail haltst! Sonst schreub ich dir überhaubd nimer dein

Schorschi

Liber Schorschi

Neulich ist der Simerl in den Pfarergarten hinein gekraxelt und hat einen ganzen Hosensag fohl Kirschen gefunden. Wo er gleich in die Schuhle mitgebracht hat. Da haben wir grad einen ser schweren Aufsatz gehabt, wo hieß: Laß das fremde Eigentum in Ruh. Drum haben dem Simerl seine Kirschen ser gut dazu gebaßt, und jeder hat ein par gekrigt. Und unter dem Aufsatz haben wir alle ferschlukt.

Da hat der Simerl gesagt, daß dieser nochmal eine Kirsche derwischt, wo den Kern am besten hinausblasen kann. Nacher hete er mich beinah derwischt, nemlich der Schulherlerer, indem das mein Kern gleich bis zur grosen Taffel hinausgehubft ist.

Aber nacher hab ich gleich recht fest gehustet, wo er gemeint hat, das ich einfach den Keichhusten besüze. Und wie er nacher hin und her gestigen ist, da haz imer plezlich gekracht, beträf Äxblosion, nemlich fon die Kirschkern, wo er drauf getreten ist.

Wann es bei eich auch Kirschen gibt, so schau, das du auch einen Hosensag fohl derwischt, bedräf Äxplosiohn.

Recht feste Grisse fon dein Freund Wiggerl

Liber Wiggerl

Dieses mus ich dir unbedingd schreiben, das wir jezt ser fest dräniren, betref Fusbal Madsch gegen Bedlmazing. Wo dieses nämlich ein ser wichtiges Enscheidungs Madsch ist. Drum haben wir auch unserne Manschafd dodahl umgestelt. Liber Wiggerl, ich sag dir: der Schinagl Alis saust als wie ein rasürter Windhund, seit daß er den Lingsausen spilen derf. Der rumbelt jezt auf dem Fusbalblaz umeinander, als wie dem Bimslechner sein Schnauzl.

Und den Strizl Wagg dränüren wir für die Ferteidigung, das er gleich einen jeden ins Kreiz hineindrit, der wo sich an unser Tor hindraut. Aber ich sag imer, das er ser forsichtig sein mus, indem das sonst der Schüzrichter abbfeift, fon wegen Roling und Strafstos. – Aber der Wagg sagt imer, dieses ist mir wurscht. Und die Haubsach ist, das der andere im Kreiz eine drin hat. Und der Xare mus einfach den Strafstos derwischen, sonst basirt ihm auch was im Kreiz drin.

Aber am aller ledscherten ist der Isi, wo auf dem Blaz um einander steigt, als wie ein Storch, wo eine Komunion Kerze ferschlukt hat. Der Blamürt noch die ganze Manschaft, indem das er sich einen jeden Bal nemen last, wo ihm der Xari zuspielt. – Aber der kan sich gefreien, wann er im Enscheidungs Madsch auch so ledschert ist. Nacher schmier ich ihm persenlich eine, das ihm die Stockzen barweis in den Bauch hinunter kugeln, und grüse dich

dein Schorschi

Und habts ihr auch bald ein Enscheidungs Madsch?

Liber Schorschi

Dieses ist ein ser wichtiger Brif, wo ich dir heut schreibn mus. Was meinst, was unser Lerer neulich gesagt hat? Kinderlein, hat er gesagt, am Tag des Baumes gehen mir in das Holz hinaus, hat er gesagt, und dort glauben mir ale Haringbüxen und Glaßscherben zam, die wo die andern hingebelzt haben.

Ist dieses nicht eine Gemeinheid fom Lerer, das mir den ganzen Drek zam buzen solen, wo die andern hingemacht haben? Aber in unserner Klas da ist einer, wo sich Friz schreibt, wost du aber nicht kenst. Dieser hats gleich daheim ferzält. Und indem das sein Vater in der Gewergschaft drin ist, drum ist er sofort zum Lerer gesaust, betref Kinderarbeit hat er gesagt. Wo nämlich die armen Kinder so vil arweiten müssen, das sie gleich grang werden.

Indem das es schon eimal einen Schüler Rat gegeben hat, wo dem Lerer fest auf die Finger geschaugt hat, das er die kleinen Kinder nicht gabutt macht mit lauter Arbeit. Liber box ich 2 Stund, oder saus auf dem Fusbal Blaz um einander. Aber den Drek im Holz draus, den buzen wir nicht zam.

Nacher hat der Bürgermeister gesagt, das die Feuerwer in das Holz hinaus mus, und die ganzen Babirl und Kaasschachdeln fernichten mus. Und mir faren alle mit und grinsen recht fest, wann die andern schwizen. Aber den Drek glauben mir nicht zam, betref schwere Kinder Arbeit. – Und wanns ihr auch so was machen solz, brauchst blos schreiben. Nacher sags ich schon dem Friz. Aber nacher!

Ich freue mich schon auf die Ferien

Wiggerl

Und wer den Drek hinmacht, der sol ihm auch wegbuzen

Liber Wiggerl

Also, dieses war so mit dem Fusbal Madsch, gegen die Bedlmazinger, wo wir nämlich 9 zu 1 ferdroschen haben. Indem das diese nämlich lauter so müde Himelhunde sind, wo liber mit ihrer Oma spatziren gehen solen. Sie haben eigenz einen grasgrinen Fusbal Dres angezogen, das mir sie beser fürchden solen. Aber im Gegendeil haben wir sie ferdroschen, das ihnen die Orwaschel gewagelt haben. Die solen liber daheim ihre Kinihasen auf die Weide dreiben, oder ihre Geisen die Herndel buzen. Aber nicht Fusbal spilen.

Beim 5. Tor, da hat der Bedlmazinger Kiper eine Zigarete angezent. Wo er eigenz aus einer Ami-Schachtel rausgezogen hat. Das mir meinen solen, das er lauter Ami raucht. Aber ich habs ganz genau gesehen, das es eine sölber Gedrahte war. Und nacher hats direkt, als wie ein Gamilenteh gestungen. – Und so was draut sich auf unsern Blaz kipen.

Und beim 8. Tor hat er geflucht, als wie ein Seeräuwer, wo aufgehenkt wird. Indem das er als wie ein Frosch in den Drek hinein gerumbelt ist. Und sein grasgriner Dräs ist kolschwarz gewäsen, als wie eine Odelgrube. – Was mus der um einander springen, als wie ein Schimbanse im Okdoberfest.

Und wie wir ale ser fest geblärt haben, ist er ganz giftig geworden for Gift und Zorn. Und hat geschrüen, das er uns mit seine Schleich in den Bauch hinein drit. Aber dieses sol er blos brobiren, nacher wird er einfach dischgwalüfizürt. – Und wies aus gewesen ist, da haben sie einfach ihre Luser eingezogen und sind auf und dafon. Die solen liber mit irer Oma spatziren gehen.

Auf widersehen und grise dich dein Schorschi

Liber Onkel Blas

Weil ich nämlich heuer die heulige Firmung krieg, drum hat meine Mutter gesagt, das ich dir schreiben sol. Kanst dir schon denken warum. Indem das nämlich ein jeder Firmling einen Firmbaten braucht, und ich auch.

Du weist schon, das der Onkel Sewastian blos ein Dramban Schafner ist, drum hat die Muter gesagt, das ich liber an einen Viechhandler denken sol, wo vil mehrer Geld hat, als wie ein Dramban Biamter, hats gesagt.

Liber Onkel, du brauchst mir blos eine Armbandur kaufen, wo gelbe Zalen hat und wo bei der Nacht leucht, indem das ich öfter im Finstern auf die Ur schauen mus, nämlich beim Kamping. Und auch ein Radl, weil das anderne ganz rostig ist, und schon vil zu klein. Indem das ich schon ser groß bin.

Deshalb grüse ich dich herzlich, das du ser gesund bist, und das du meinen Firmpaten machen kanst. Die Muter kocht ein ser feines Esen, und du kanst so vil essen, als wie du magst

fon deinen Wiggerl

Und die Muter sagt auch, das du schon ja sagen solst.

Liber Wiggerl

Dieses mus ich dir sofort schreiben. Weil nämlich bei uns in Schnizlreit forgestern die Ami durchgereist sind. Und auf eimal ist auf dem Apfelbaum for dem Fenster ein kleiner Aff gewesen, wo imer zu uns herein gegrinzt hat. Aber blözlich ist er herein gehubft, das der Schulherlerer ganz derschrekt ist. Und hat gesagt: vileicht ist das Tirlein fom Ami-Auto entsbrungen.

Nacher hat er blözlich den Lerer in das Wadel gezwikt, das er gleich gehubft ist, und ser grantig dreingeschaugt. Und dann hat er die Bücher gebakt und um einander gebelzt, das der Staub und Drek durch das Zimer geschlichen ist. Aber da hat der Lerer gesagt: Los, der wird gefangt. Und ale Buben hubfen auf die Benk hinauf und rumbeln dem armen Tirlein nach. Nacher ist er fon hinten nach forn, über alle Benk, und der Blasl Zenzi mitten in die Dauerwellen hinein, ferstehst. Diese hat so firchderlich geplärt, das wir ale mitgeblärt haben, blos der Lerer nicht.

Dann hat er geschrihen: Los, der wird gefangt, hat er geschrihen. Aber der Aff ist zum Fenster hinaus, als wie der Teifel, und auf dem Lerer seinen Abfelbaum hinauf. Wo er ser drekig herein gegrinzt hat. Schlißlich hat er einen grinen Abfel gebrokt und herein gekeit. Und wir haben ser fest gelacht. Aber der Lerer nicht, indem das er die andern Äbfel auch zu uns herein gebelzt hat, for lauter Wudigkeit, das der Schulherlerer ganz leise geflucht hat.

Aber nacher sind wir ale in den Garten hinaus, und haben ihm mit einer Stang herunter gegizelt und einen Sak drauf geschuzt, bis wir ihm derwischt haben. Schlißlich habe ich und der Alis den Aff beim Ami abgelifert. Wo ein jeder eine Zigaretenschachdel erhalten hat, aber der Lerer nix. – Habts ihr noch nimals einen Aff drin gehabt?

Ich grise dich Schorschi

2 Zigareten heb ich für dich auf, wanst in die Ferien komst.

Liber Schorschi

Also, dieses war so! Ich und der Simerl, wir haben ausgemacht, das wir die großen Leut ein wenig drazen. Nämlich mit ein alten Geldbeudel, wo an einen feinen Drat aufgehängt ist. Nacher sind wir hinter die Hecken fon der Abort Anlag, und haben den Schaz ganz leise auf die Straß hingedan.

Blözlich ist der Wirt fom golden Kreuz daher maschirt, und stehen gebliben, indem das er sich mit seiner diken Wampe nicht so schnel buken kan. Nacher ist er ganz leise in die Knihe gegangen, weil der Geldbeudel so schön war. Da hat der Simerl ser geschwind angezogen, und der Schaz ist zu uns hergehubft. Und der Wirt hat ser fest gefluchd und Hundsbazi geblärt. Aber wir habens nimer gescheit gehört, indem das wir gleich im 3. Gang dafon sind.

Nacher ist ein Bäkerstift daher gekomen, wo ser lustig gebfiffen hat. Aber blözlich hat er aufgehört und umgeschaugt, ob keiner nicht daher komt, und ser schnell mit dem Hax drauf getreten. Und wie er runter gelangt hat, ist der Geldbeudel ser geschwind in die Heke gehubft, und wir zum Teifel. Nachgesaust ist er uns nimer. Aber geschrihen hat, das er uns schon noch derwischt. Aber der derwischt uns nimer.

Zum 3. Mal ist eine ser feine Dame daher geschlichen, mit ein Augenglaß und Stekerlschuh, wo sich auch zimlich fest gebukt hat. Aber nacher ist sie ganz rot geworden, indem das wir sie auch geschlengt haben. Sie hat noch ser fest gerufen, das sie es dem Hern Bfarer sagt. Aber sie sagts nicht, weils sonst ausgelacht wird.

Liber Schorschi, dieses must du auch eimal brobiren, indem das dieses ein so ein schönes Fergnügen für die großen Leute ist, mit vilen Grisen fon dein

Wiggerl

Liber Wiggerl

Unser Abodeker hat auch einen Kaugummel und ein Berndrek. Aber den Berndrek hat er ganz droben in ein Schüberl, wo er gleich mit der Leuter hinaufgraxeln mus. Drum haben wir eine große Fersamlung gemacht, nämlich ich und der Schinagl Alis und der Strizl Wagg und der Xare und der Isi. Indem daß wir nacher beschlossen haben, daß wir ihm zimlich oft hinaufsteugen lassen, weil er nacher fest schwüzen mus, nämlich der Her Abodeker.

Nacher bin ich zerscht hineun und hab gleich recht freindlich gesagt: Griß God Her Abodeker, hab ich gesagt, ich brauch um ein Zenerl ein Berndrek. – Nacher ist er auf die Leuter hinauf als wie ein Frosch und hat mir den Berndrek gegeben. Und wie ich drausen war, ist der Alisi hineun, und hat auch gesagt: Ich brauch um ein Zenerl ein Berndrek.

Nacher ist der Xare hineun. Und wie er beim Xare sein Berndrek wieder droben gehokt ist, da ist der Isi auch gleuch hineun. – Da hat der Abodeker geschrühen: Brauchst du auch um ein Zenerl ein Berndrek? – Aber der Isi hat gesagt: Nein! hat er gesagt.

Nacher ist er wieder herunter gegraxelt und hat dem Xare sein Bakl gegeben. Und hat den Isi gefragt: Und was brauchst du? Um ein Finferl einen! Hat er gesagt. Aber dann hat er blezlich davon hubfen missen, indem das der Abodeker gikerlrot geworden ist, und ser geschwind auf den Aschenbecher hingelangt hat, das dem Isi ganz zweuerlei geworden ist, vor lauter Schis. Und blizartig hinausgerumpelt.

Liber Wiggerl, habts ihr auch ein Abodeker, nemlich von wegen dem Berndrek. Aber mach lieber den erschten und nicht den letzden, und grisse dich

dein Schorschi

Liber Indihaner Schorschi!

Du kennst denerscht den feinen Hern, wo sich Her Meier schreubt, und wo immer zum Saliterer auf die Somerfrisch komt. Und wo sich imer mit der Badehoße auf die Sone legt. Aber dissesmal haben wir ihm drangekrügt.

Wir haben Indihaner geschbült, und nacher haben mir ausgemacht, daß mir ihm drankrügen. Zerscht haben wir fon der Schnizl Waam den Wasch Strik herunter gewükelt. Und nacher haben wir ganz siss gesagt: Grißs God Her Meier, mögenz nicht unser Springerl trinken. Aber da hat er nein gesagt, weil er keun Springerl nicht mag.

Nacher haben mir gesagt, ob er nicht mit unz Indihaner spülen mag. Da hat er gelacht und hat gesagt, ob mir ihm Schkalbüren wolen, hat er gesagt. Nacher haben wir fest gelacht, weil disses überhaupt nicht geht, indem daß er eine Platte hat, wo die anderen die Hahre haben. – Aber wir wolen der Zenzi einen Indihaner Danz zeugen, und da sol er sich an den Baum binden lassen. Nacher hat er gesagt: In Goznam hat er gesagt, ihr Bazi, ihr hinterkümpfdigen. Aber bloß ganz kurz, hat er gesagt.

Dann ist er mit uns zum Kaschdani Bam hin, und wir haben ihm den Wasch Strik fon der Waam ganz fest herum gewükelt, das er 3 mal au gerufen hat. Aber wir haben schon gewißt, das er uns keune Wadsche nimer geben kan, indem das wir seine ganzen Hände eingewükelt haben.

Nacher hat der Wagg pläzlich geschrühen: Schaugts! Beim Schwammerlhuber wird eine Lous zugetrieben. Und dann sind pläzlich alle hingeloffen, indem das unz disses ser genauh indräsürt.

Und den Hern Meier haben wir dürekt fergesen, wo aber imer geschrühen hat: Laßts mich aus! – Disses hat unz die Zenzi verzält, wo nämlich nicht zu der Lous hingeloffen ist, weil disses eine ser schwäre Sinde ist, hats gesagt. Aber zum Hern Meier ist sie auch nicht hingeloffen, indem das er ihr vileucht eine gebazt hätte, hats gesagt.

Bis nacher die Schnizl Waam gekomen ist. Und der Her Meier hat wider gesagt: Laßts mich aus. Aber die Waam hat ihm ganz lange gefragt, was eugendlich basürt ist. Pläzlich hat der Her Meier ser laut gesbrochen: Gschwind, gschwind, sunst fiseln mich die Ameusen noch ab. – Nacher hat die Waam ser fest geschrühen: Leut Kemts schnel! Der Her Meier ist fon die Gangster überfahlen worden.

Da sind die Manerleut pläzlich daher geloffen und haben ihm ausgewükelt. Aber er hat imer fürchterlich geflucht und hat gesagt: Daß er unz die Orwaschel abschneudet, wan er unz derwischt, und das er mit solcherne Bazi überhaubt nimer Indihaner spült, hat er gesagt.

Aber bis zum nexten Jahr, da hat er schon wider ales fergesen. Und nacher krügen wir ihm schon wider dran.

Mit pfundigen Indihanergrissen uiuiuiuiuiuiu
fon dein schwarzen Adler

Wiggerl

Liber Wiggerl

Seit 1 Jahr haben wir einen andern Lerer, einen ganz einen feinen. Ich glaub, daß er fon die Preisen komt. Disser redet imer fon der Guldur, daß man einfach eine Guldur lernen mus für das läben. – Auf dem Boden derf keun Babierl nicht ligen. Und wir derfen auch kein Kaugumel nicht under die Schulbenk batzen. Und jeden Tag misen wir unserne Fingernegel ausbuzen, indem das er den Dräg fon daheum in der Schul nicht braugen kan, hat er gesagt.

Und bal mir husden oder hazzi machen, nacher missen mir unser Schneizdüchel ser blezlich for das Mäu hinduhn. Weil sonst die Baktzülen im Schulzimer rundum rumpeln, hat er gesagt. – Und wan das Oberhaubd hazzi machd, nacher missen wir ale blären: Zum wol, Her Lerer, fon wägen Guldur.

Wir haben einen Knaben, wo sich Huterer Hansi schreubt. Aber disser mag das neue Oberhaubt überhaubd nichd. Indem daß ihm disser im Rechnen lauder fimbfer gibt, weil er ihm einfach nicht leuden kan.. Und drum sagt der Hansi imer: Vareker solzt, wan mir Zum wol blären.

Aber neulich hat der Lerer einen ser festen Gadarr gehapt, und imer hazzi getan. Und weil wir imer Zum Wol geblärt haben, hat er gesagt: Kinder, solang ich den Gadarr hab, brauchz ihr nimer Zum wol sagen.

Aber grad an dissen Tag war der Hansi grang, und haz nicht gehört. Und am näxten Tag ist er wieder dagewäsen. – Nacher hat der Lerer wider hazzi getan. Unser ganze Klas ist still und leuse gewäsen. Aber der Hansi hat laut und deutlich geblärt: Vareka solzt! hat er geblärt.

Da haben wir ale ganz fürchterlich gelacht, blos das Oberhaupd überhaubs nicht und der Hansi auch nicht. Dan hat der Häubtling gesagt: Huterer, du bleibst heut nach der Schul da, ferstanden! Das weutere werden wir noch sähen, ferstanden! hat er gesagt.

Und wir haben herunt ale heumlich gewartet, bis das er gekomen ist, der Hansi. Er hat fest in die Augen hineun gewischd und heumlich geflucht, indem das ihm der andere 4 Dazen geschenkt hat. – Disses ist eine hundsgemeine Gemeunheid, weil der Hansi überhaubs nix fon dem Befehl gewißt hat, fon wägen Grangheut.